논·술·세·계·대·표·문·학

51

명탐정 홈스

코난 도일 | 이세린 엮음

H 훈민출판사

코난 도일

코난 도일의 고향인 스코틀랜드 에든버러의 한 성

The Best World Literature

남아프리카의 식민지 쟁탈전인 보어 전쟁에 나갔던 코난 도일(맨 오른쪽)

홈스의 초상

영화로 만들어진 〈셜록 홈스〉

당시 홈스 시리즈가 연재된 잡지
〈더 스트랜드 매거진〉

코난 도일의 친필 원고

영국의 해변 풍경

The Best World Literature

홈스가 죽는 장면을 삽화로 그린 것

〈돌아온 홈스〉의 표지

구인환(丘仁煥)

서울대학교 사범대학 졸업. 동 대학원 졸업(문학박사)
서울대학교 명예교수, 소설가(현). 서울대학교 사범대학 국어교육연구소 소장(현)
문학과문학교육연구소 소장(현). 국제펜 한국본부 부회장(현)
한국소설문학상(1987). 예술문화대상(1994). 한국문학상(2000)
작품 〈숨쉬는 영정〉, 〈살아 있는 날들〉, 〈일어서는 산〉 외 다수

• **저서** 《한국단편소설의 이해》, 《한국현대소설의 비평적 성찰》,
　　　《고교생이 알아야 할 소설》, 《고교생이 알아야 할 세계단편소설》 외 다수

윤병로(尹柄魯)

성균관대학교 국어국문학과 졸업. 동 대학원 졸업(문학박사)
성균관대학교 교수, 문학평론가(현). 한국현대소설학회장(현)
한국문예학술저작권협회 이사(현). 한국간행물윤리위원회 위원(현)
한국펜 문학상(1987). 한국문학상(1988). 대한민국문학상(1989)
수필집 《나의 작은 애인들》 외 다수

• **저서** 《현대 작가론》, 《한국 현대 소설의 탐구》,
　　　《한국 근대 작가 작품 연구》, 《한국 현대 작가의 문제작 평설》 외 다수

홍성암(洪性岩)

고려대학교 국어국문학과 졸업. 한양대학교 대학원 국어국문학과 졸업(문학박사)
동덕여자대학교 교수, 소설가(현). 한국문인협회 회원(현)
한국소설가협회 이사(현). 국제펜 한국본부 소설분과 이사(현). 한민족 문화학회 회장(현)
창작집 《큰 물로 가는 큰 고기》, 《어떤 귀향》 외
대하역사소설 《남한산성》 (전9권) 외 다수

• **저서** 《문학의 이해》, 《현대 작가론》, 《한국 근대 역사소설 연구》 외 다수

기
획
·
감
수

1980년대 우리 나라에서 출판된 홈스 시리즈

논술 *세계대표문학*을 펴내며

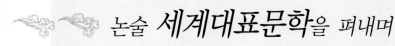

　21세기의 사회는 **'전자 문명 시대'**라 일컬어질 만큼 오늘날 전자 산업은 우리 생활의 거의 모든 분야에 다양하게 응용되고 있습니다. 출판 분야 또한 예외는 아니어서, 종래의 서책(Book) 대신에 이른바 '전자책(CD-ROM)'의 출간이 최근 들어 날로 증가하고 있습니다.

　그러나 이러한 전자책은 영상 또는 모니터상으로 흥미 위주나 백과사전식 지식을 습득하는 데는 효과적일지 모르지만, 문학 공부를 위해서는 별로 도움이 되지 않습니다. 바꾸어 말하면, 문학 공부는 각 지면마다 살아 숨쉬는 표현 하나하나를 독자 자신의 머리로 음미하면서 작품을 읽어 나가는 가운데, 풍부한 상상력의 배양과 함께 작가의 의도와 그 작품의 내면을 깊이 있게 이해함으로써 이루어지는 것입니다.

　이에 훈민출판사에서는, 자라나는 학생들이 범람하는 영상 매체에 길들여지기 전에, 어려서부터 유명한 세계문학 작품들을 책자를 통하여 감명 깊게 읽고 감상함으로써, 올바른 문학 공부의 기틀을 다지고, 아울러 전인 교육도 할 수 있도록 《논술 세계대표문학(전60권)》을 펴내게 되었습니다.

　작품 선정은, 초·중·고등학교 국어 교과서와 역사 교과서에 실리거나 소개된 문학 작품을 중심으로 하되, 그리스 신화와 성경 이야기 등의 고전에서부터 중세·근대·현대에 이르기까지 세르반테스·셰익스피어·톨스토이 등 세계 유명 작가들의 장·단편 소설들을 엄선·수록하였습니다. 또 세계의 명시도 별권으로 엮었으며, 특히 각 단락마다 **'논술 문제'**를 제시하여, 장차 대학입시를 비롯한 각종 '논술 고사'에 예비 지식을 쌓을 수 있도록 배려하였습니다. 아무쪼록, 이 《논술 세계대표문학(전60권)》이 자라나는 학생들에게 문학 공부의 주춧돌이 되고, 나아가 미래를 살아가는 데 **정신적 자양분**이 되기를 진심으로 바라 마지않습니다.

　　　　　　　　　훈민출판사

차례

명탐정 홈스

코난 도일

지은이

1859~1930년. 스코틀랜드의 에든버러에서 출생. 1882년 의사로 개업한 후부터 글을 쓰기 시작한 코난 도일은 홈스 시리즈의 첫 소설 〈주홍색 연구〉로 대성공을 거두었다. 1892년 그 동안 연재했던 12편의 단편을 모은 〈셜록 홈스의 모험〉을 펴내어, 또다시 성공을 했고, 이후 발표하는 작품마다 대성공을 거두는 인기 작가가 되었다.

1893년 〈마지막 모험〉을 끝으로 홈스 시리즈를 종결지으려 하였지만, 독자들의 요청으로 1901년 〈바스커빌 가의 개〉를 다시 출판하였고, 이후 〈빈집의 모험〉 등 홈스 시리즈를 계속하여 썼다. 1902년 기사 작위를 받았고, 1930년 사망했다.

명탐정 홈스

마스그래브 가의 비밀

홈스가 탐정 일에 대해 흥미를 느낀 것은 대학 시절 무렵이었다. 성격이 사교적이지 못한 그는 늘 기숙사에 처박힌 채 책을 읽곤 했다.

그러던 어느 날, 빅터라는 조용한 대학 친구의 집을 방문하면서 홈스의 대단한 추리력을 사람들에게 드러낼 수 있었다. 세상에 알려지지 않은 몇 가지 사건을 겪으면서 그의 이름은 알게 모르게 점점 사람들의 입에 오르내리게 되었다.

하지만 신문지상에 자신의 이름이 실리는 것을 별로 좋아하지 않는 성격 때문에, 사건을 해결한 홈스의 업적은 대부분 영국 경시청의 성과로 돌아가곤 했다. 홈스는 뛰어난 머리뿐만 아니라 펜싱과 복싱 등 웬만한 운동에도 수준급 이상이어서 범인을 직접 잡는 일에도 두려움이 없었다.

"이봐, 왓슨! 차를 마실 물이 거의 끓은 것 같네."

"그래? 잠시 기다리게."

홈스의 곁에 늘 붙어 다니는 친구는 의학 박사로 일하고 있는 왓슨이었다. 한때 군의관으로도 일했던 왓슨은 홈스를 위해서라면 물불을 가리지 않을 정도로 대단한 정의감을 가지고 있었고, 홈스가 해결한 사건을 늘 기록해 두곤 했다.

하지만 홈스가 머리 회전이 남다르게 빠른 것에 비하면, 자신이 사는 곳을 청소하는 일에는 거의 낙제점에 가까웠다.

"홈스, 제발 담배 피운 재는 재떨이에 버리게. 그리고 피스톨 사격 연습은 밖에서 하고."

"그냥 내버려 두게. 시간이 나면 내가 치우도록 할 테니까."

"이걸 좀 보게. 이 서류 뭉치들도 더 이상 놓을 데가 없을 정도로 방 안이 온통 엉망이야. 이제 버릴 것은 버리고 사건 해결에 필요한 중요한 것만 간추려 놓게나."

"휴……."

왓슨의 줄줄 이어지는 잔소리에 홈스는 난처한 표정을 지었다. 사실 홈스는 사건이 일어나면 언제 그랬냐 싶게 행동이 재빨랐지만, 한가한 때는 겨울잠을 자는 동물들처럼 안락한 소파에 파묻혀 꼼짝도 하지 않았다.

하지만 왓슨 역시 깔끔한 성격은 아니었다. 단지 범죄 해결에 쓸 여러 가지 자료들과 증거들이 함부로 굴러다니는 것이 안타까워 잔소리를 했을 뿐이다.

'저렇게 늘어져 있다가도 사건이 일어나면 전혀 딴사람처럼 민첩해지니 알 수 없는 노릇이야. 유별난 사건에 쏟아 부은 머리를 이렇게 담배 연기로 쉬게 놔두어야 다시 회전시킬 수 있기 때문일까?'

아마 홈스와 왓슨이 있는 방을 다른 사람이 방문을 열고 들어섰다면 아마 숨이 막혀 그 자리에 서 버렸을 것이다. 그만큼 홈스는 담배 피는 것을 즐겼다.

마음먹고 시작한 왓슨의 잔소리가 영 끝날 기색을 보이지 않자, 홈스는 그제야 자리를 털고 일어났다.

"알았네. 자네 말대로 방 정리와 그 동안 쌓였던 서류를 정리하도록 하세."

"진작 그렇게 나올 일이지. 자, 어서 시작하세."

홈스와 왓슨은 청소를 시작한 지 반나절이 되어서야 겨우 방 안을 치울 수 있었다. 그리고 그들은 다시 책상에 둘러앉아 지나간 신문 기사를 오려붙이는 작업을 했다.

"이 부분은 서류철에 잘 넣어 두게."

"내가 보기엔 역사 이야기 정도인 것 같은데 굳이 서류철에 넣어 둘 필요가 있겠나?"

"그렇지 않아. 아무리 사소한 내용일지라도 언제든지 사건을 해결하는 데 큰 도움이 될 수가 있어."

"하긴. 자네는 늘 영국 경찰들과는 다른 방향에서 수사를 하지. 작은 증거 하나만으로도 큰 사건을 처리하곤 했지……."

"그래. 나에게 사건을 맡겨 오는 사람들의 이야기를 충분히 들은 뒤에, 사건 현장을 꼼꼼히 살펴 추리를 해야만 실수가 없는 법이야."

왓슨은 홈스가 사건을 해결해 나갈 때마다 늘 감탄과 존경의 마음으로 그를 지켜보곤 했었다.

"자, 이제 신문 기사도 대충 정리가 되었군."

홈스는 빙그레 웃으며 왓슨을 바라보았다.

"이제 또 뭐 할 일이라도 남았나?"

"글쎄, 집 안 청소는 대충 된 거 같고……, 아 참!"

"왜? 뭐 잊은 거라도 있나?"

왓슨은 홈스가 협조적으로 나오는 이 때 한 가지 부탁을 해 보려고 마음먹었다.

"자네가 사건을 맡아 해결한 주요 내용을 내가 책으로 쓰고 있다는 사실은 잘 알고 있겠지?"

"암, 잘 알고 있지."

"그런데 책으로 나와 독자들에게 알려진 것들 중에는 자네가 초기에 맡았던 사건들이 거의 없단 말씀이야."

"하하하, 자네가 무슨 말을 하려는지 이제 알겠군."

비로소 홈스는 왓슨의 의도를 눈치채고는 큰 소리로 웃어 댔다. 그리고는 책상에서 일어나 자신의 침실로 들어갔다.

"자, 자네가 원하는 것이 여기 들어 있네."

그가 들고 나온 상자는 커다란 양철로 만들어진 것이었다. 그는 조심스레 상자의 뚜껑을 열었다. 그 안에는 여러 가지 색의 끈으로 묶어 철한 서류 뭉치들이 수북이 들어 있었다.

"상자의 바닥에 있는 것일수록 오래된 사건의 기록들이네. 즉, 자네가 책으로 쓰고 싶다는 초기에 맡은 사건들의 내용이지."

"의외로 정리를 잘해 두었군!"

홈스는 상자 안에 있는 서류들을 하나씩 왓슨에게 들어 보이며 지난 일을 떠올렸다.

"이건 타르턴에서 일어난 살인 사건, 그리고 이것은 술집에서 일어난 사건, 알루미늄으로 만든 목발이 범인이 된 사건……."

"모두 흥미롭군. 그런데 이건 무슨 주머니인가?"

왓슨은 양철 상자 한쪽 구석에 있는 오래된 주머니 하나를 발견했다. 홈스는 그 주머니를 꺼내면서 탄성을 질렀다.

"아, 이게 아직도 있었군. 이건 마스그래브 가의 사건을 맡으면서 기념이 될 것 같아 보관해 두었던 걸세."

"마스그래브 사건 역시 자네가 젊었을 때 맡았던 일인가?"

"그래. 자, 이 주머니에 뭐가 들었는지 궁금하지 않나?"

"마침 그 말을 하려던 참이었어. 어서 열어 보게."

왓슨은 잔뜩 호기심어린 눈길로 주머니를 바라보았다. 하지만 주머니 속에서 나온 것은 방울이 달린 나무 막대기와 여러 번 접혀 있는 종이 한 장, 그리고 녹이 다 슨 열쇠 하나 정도였다.

"별로 신통해 보이지 않는 물건들인 것 같군. 그 마스그래브 가의 사건과 이 물건들이 무슨 관련이라도 있나?"

"음, 그 사건을 해결하는 데 나에게 도움을 주었던 물건들이지."

주머니 속 물건들을 소중하게 쓰다듬는 홈스의 표정은 어느덧 그 당시로 돌아가 있었다.

"자, 나는 펜과 종이가 준비되었네. 어서 이야기를 시작해 보게."

"그래? 그럼 오늘 집 안 청소와 서류 정리는 이것으로 마무리짓고 학창 시절 내 친구인 레지노웃 마스그래브에 관한 이야기를 해 주지."

홈스는 양철 상자의 뚜껑을 닫은 후, 다시 제자리로 가져다 놓고 소파에 몸을 깊숙이 파묻었다.

"지금이야 영국 경찰에서 풀기 힘든 문제에 부딪히면 나를 부르지만 처음 탐정 일을 시작했을 때는 그렇지 않았어."

"그래? 그럼 이 일은 어떻게 맡게 되었나?"

"그 전에 내 대학 시절이 어떠했는지는 자네도 대강 알고 있을 거야. 주변에 있는 사람들은 내가 늘 쓸데없는 책을 들고 다닌다며 수군댔지. 하지만 과 친구 빅터가 나의 추리력을 알아주면서 점차 대학 내에 내 이름이 알려지게 되었지."

"그럼 마스그래브 사건은 자네가 대학에 다닐 때 맡았던 사건인가?"

그러자 홈스는 한 손을 내저으며 대답했다.

"아니. 마스그래브는 나와 같은 대학을 다닌 것은 분명하지만, 사건을 맡게 된 것은 대학을 졸업한 뒤 4년이 지나고 그가 나를 찾아오면서부터야."

"레지노웃 마스그래브라는 그 사람은 어떤 사람인가?"

"사람들과 별로 사귀지 않았기 때문에 그를 좋지 않게 말하는 사람이 많았어. 하지만 내가 보기엔 조각상 같은 외모에 예의바른 청년이었지. 그의 집안은 서부에 있는 서섹스 지방에서도 몇 손가락 안에 들 정도로 명문이었어. 그는 나와 이야기가 통하는 몇 안 되는 친구들 중의 한 명이야."

왓슨은 홈스의 표정에서 우울했던 학창 시절을 읽을 수 있었다.

"그가 나를 찾아왔을 때 나는 무척 놀랐어."

"왜?"

"일부러 내가 있는 곳을 수소문해서 나를 만나러 올 정도로 그토록 친한 사이는 아니었거든. 그와 나는 오랜만에 만나 얘기를 나누었어. 게다가 그는 내가 묻기도 전에 지난 몇 년 동안의 일을 이야기해 주었어."

홈스는 레지노웃과 만난 이야기부터 시작하여 괴상한 사건 중 하나인 마스그래브 가의 비밀을 나에게 자세히 들려주었다.

"무척 오랜만이군. 그래, 그 동안 어떻게 지냈나?"

"자네야말로 내가 추측한 대로 탐정이 되었군. 자네 소식은 간간이 듣고 있었네. 사실 이 곳을 찾아온 이유도 우리 집 문제를 좀 도와 달라고 온 걸세."

"그 동안 무슨 일이라도 있었나?"

"내가 대학을 졸업하고 3년 뒤 아버지가 갑작스럽게 세상을 떠나셨지. 그 뒤로 당연히 나는 마스그래브 가를 이끌어가야 할 사람이 되어 바쁜 나날을 보냈네. 그런데 요 근래 이상한 일이 계속해서 일어나 정신을 차릴 수가 없네."

"이상한 일이라니?"

"우리 집에서 일하던 사람들이 둘씩이나 없어졌단 말일세."

"뭐라고? 그럼 경찰에 신고는 했나?"

"물론이지. 하지만 경찰에서도 아무런 단서를 잡지 못하고 시간만 허비하고 있다네. 그래서 보다 못한 내가 자네를 찾아온 걸세."

대학 동창의 이야기를 듣는 홈스의 눈이 먹이를 발견한 짐승의 눈처럼 번쩍거렸다. 마침 그는 요즘 맡고 있는 사건이 없어 몹시 지루하던 참이었다.

"자네 말대로 내가 이번 사건에 도움이 된다면, 내게 자네 집에서 일어났던 사건들을 자세히 말해 주게."

"고맙네. 난 아직 결혼을 하지 않았지만 우리 집엔 관리해야 할 사람들이 꽤 있다네. 하녀가 8명, 하인이 2명, 거기다 요리사와 집사, 정원사와 마구간을 돌보는 마부 등이 있는데, 그 중 블랜턴이라는 집사가 가장 오래 우리 집에 머물고 있지."

"그 블랜턴이라는 집사가 이번 사건과 무슨 관련이라도 있나?"

마스그래브는 흠칫 놀라며 홈스를 바라보았다.

"역시 자네답군. 하지만 우선 내 이야기를 좀더 들어 보게."

마스그래브가 들려 준 블랜턴이라는 자는 예전엔 학교 선생을 했었고, 잘생긴 얼굴에 몸집이 건장한 30대 후반의 남자였다. 그는 외국어에도 능통할 뿐만 아니라, 음악에도 소질이 있어 다루지 못하는 악기가 없을 정도였다.

한 가지 블랜턴에게 흠을 잡자면 그가 바람둥이라는 점이었다. 처음 결혼한 아내와는 그런대로 사이가 좋아 행복한 결혼 생활을 했지만, 아내가 병에 걸려 세상을 떠난 뒤로는 어쩐 일인지 한 여자에 마음을 두지 못하는 듯했다.

블랜턴은 마스그래브 가의 하녀들 중 지위가 높은 레이첼 하웰스와 어울려 늘 붙어다녔다. 레이첼은 마음이 착한 하녀였지만 화를 낼 때면 물불을 가리지 않을 정도로 정열적인 여자였다.

주위에서는 두 사람이 곧 결혼식을 올릴 것이라 여겼지만 두 사람의 관계는 얼마 가지 않아 끝나고 말았다. 좀더 정확히 말하자면 블랜턴이 그녀를 차버린 거나 마찬가지였다. 하지만 레이첼은 마음의 정리를 하지 못한 채 늘 블랜턴의 곁을 서성대곤 했다.

그런 블랜턴이 다시 사귄 여자는 이 집안의 또 다른 하녀 자넷 토리지스였다. 자넷은 블랜턴이 끊임없이 관심을 가지며 다가오자 결국 그에게 넘어가고 말았다.

마스그래브는 여기까지 이야기를 한 뒤 잠시 숨을 가다듬었다.

"아직은 사건이 될 만한 일이 없는 것 같은데."

"그래. 이야기는 지금부터야. 참, 그 전에 말해 둘 것이 있네. 블랜턴에게 차인 하녀 레이첼은 그 뒤로 예전과는 달리 늘 정신이 멍해져 깊은 생각에 잠길 때가 많거나 엉뚱한 소리를 늘어놓았지. 그녀를 두고 사람들은 미쳤다는 말을 했지만, 난 불쌍한 레이첼을 우리 집에서 내보낼 수가 없었네."

"왜 블랜턴을 불러다 혼을 내지 않았지?"

"그건 사생활의 문제이기 때문에 섣불리 야단칠 수가 없는 일이네. 게다가 블랜턴은 여자 문제를 빼고는 집안일을 처리하는 데는 어디 한 군데 나무랄 데가 없었으니까."

"그랬겠군."

"하지만 제아무리 똑똑한 놈이라 할지라도 꼬리가 길면 밟히는 법이지. 날짜는 정확히 기억이 나지 않지만, 아마 지난 주 목요일이었을 거야. 캄캄한 밤이었지."

마스그래브는 그가 보았던 괴상한 일을 말하기 시작했다. 다음 이야기는 그가 들려준 상황을 그대로 옮긴 것이다.

저녁식사를 한 나는 예전과 달리 진한 커피 한 잔을 마셨다. 밤이 깊도록 침대 위에 누워 잠을 자려고 노력을 해보았지만 허사였다.

'휴, 내가 커피를 너무 진하게 마셨군. 아무래도 잠이 오질 않으니 서재로 가서 읽기 쉬운 소설책 한 권을 읽어야겠어.'

나는 곧 침대에서 일어나 서재로 가기 위해 아래층으로 내려갔다. 그런데 이게 웬일인가? 서재에서 웬 불빛이 희미하게 새어나오고 있었다.

'이 밤중에 누가 내 서재에 있는 걸까? 혹시……'

침실로 올라가기 전에 이미 서재 문을 잠가 놓았던 나는, 도둑이 든 게 아닐까 싶어 주변을 두리번거리며 도둑과 맞서 싸울 무기가 없는가 살펴보았다.

'옳지, 저거면 되겠다.'

내 눈에 띈 무기는 다름 아닌 벽에 전시해 놓은 옛날 도끼였다. 손에 땀이 날 정도로 도끼를 꽉 잡고 살금살금 서재 안을 들여다본 순간 두 다리가 휘청했다.

'앗! 책상 앞에 앉아 있는 사람은 블랜턴이 아닌가?'

혹시 잘못 본 게 아닌가 싶어 두 눈을 비벼 다시 한 번 확인한 순간 틀림이 없다는 것을 알았다. 나는 그의 행동을 잠시 지켜보기로 마음먹고 숨을 죽였다.

블랜턴은 책상 위에 지도 한 장을 펼쳐 놓고 옆에 사람이 다가와도 모를 정도로 깊은 생각에 빠져 있었다.

"휴!"

그는 서재 밖에 서 있는 내 귀에 들릴 정도로 크게 한숨을 쉬었다. 그는 다시 책장으로 가서 서랍을 열쇠로 열더니 서류 한 장을 꺼내들었

다.

　'저런, 버릇없는 놈 같으니라고! 주인 집 서랍장을 마치 자기 것이라
　도 되는 것처럼 함부로 열다니.'

　나는 그 동안 블랜턴에 대해 품었던 좋지 않은 감정까지 더해져 화가
치밀어올랐다. 더 이상 그의 행동을 참고 볼 수가 없었다.

　"블랜턴!"

　그의 이름을 부르며 서재 안으로 들어서는 나를 본 블랜턴은 그 자리
에서 기절할 만큼 놀라는 얼굴이었다.

　"아!"

　신음 소리를 내며 그 자리에서 벌떡 일어선 그는 자신이 보던 지도를
재빨리 꾸겨 넣고 있었다.

　"여기서 뭐 하는 건가?"

　"제발 오해하지 마십시오. 저는 단지 읽고 싶던 책이 있어 주인님의
　허락도 없이 서재에 온 것뿐입니다."

　"지금 그걸 나보고 믿으라는 말인가? 하인 주제에 주인의 서랍장을
　함부로 뒤진다는 것은 있을 수 없는 일이야!"

　조금 전에 내가 보았던 장면을 말하자, 그의 얼굴은 거의 사색이 될
정도로 어두워졌다. 나는 이 기회를 놓치지 않고 하려던 말을 해 버렸
다.

　"자네는 더 이상 우리 집에 있을 필요가 없으니, 내일 당장 짐을 싸서
　나가게!"

　그는 더 이상 뭐라고 변명의 말도 하지 않은 채 내 곁을 지나 서재 밖
으로 나가 버렸다. 그가 나가고 난 뒤 나는 그가 그토록 열심히 들여다
본 문서가 무엇인지 살펴보았다.

　'이런, 이건 우리 가문에 대대로 전해져 내려오는 의식문이잖아.'

블랜턴이 내 서랍장에서 꺼내 본 서류는 우리 가문의 남자들이 성년이 되는 날이 되면서부터 외우게 했던 예법이 적힌 글이었다.

물론 블랜턴이 우리 집의 값나가는 물건을 도둑질한 것도 아니고 특별히 중요한 서류를 훔쳐본 것도 아니기 때문에 그를 용서해 줄 수도 있었다. 하지만 나는 그 동안 그가 우리 집 하녀들과 좋지 않은 문제를 일으켜 왔기 때문에 이 기회에 그를 내쫓기로 마음먹었던 것이다.

다음 날, 날이 밝자 블랜턴이 단정한 옷차림으로 나를 찾아왔다.

"자네 일은 어제 다 끝난 걸로 아는데 또 다른 볼일이라도 있나?"

"어제 일은 더 이상 변명하지 않겠습니다. 하지만 그 동안 제가 이 집에 충성을 다해 왔다는 점을 생각하셔서, 부디 너그러운 마음으로 용서해 주십시오."

애처로운 눈길로 그는 나에게 용서를 빌었다.

'어쩌지? 그래도 우리 집에서 20년 간 충실히 일해 온 사람인데 한 번의 실수로 단번에 내쫓을 수는 없지 않나? 아니야, 저 사람을 그냥 두면 앞으로도 어수선한 일이 벌어질 게 틀림없어.'

굳게 마음을 먹은 나는 그의 애원을 거절하기로 했다.

"안 되겠네. 어디 다른 일자리를 알아보는 게 낫겠어."

"아……."

그는 더 이상 애원해봤자 이 곳에 머물 수가 없다는 것을 깨달았는지 나에게 다른 부탁을 해 왔다.

"주인님 생각이 정 그러시다면 할 수 없는 노릇이지요. 하지만 이 집을 나가기 전에 한 가지 부탁드릴 게 있습니다."

"부탁이라니?"

"이 집에서 쫓겨나는 게 아니라 제 스스로 그만두었다고 해 주십시오. 그리고 2주일 정도 시간을 주십시오."

이제 어느 정도 마음을 굳힌 듯 그는 담담한 얼굴이었다.

"자네 행실로 봐서는 오늘 당장 나가라고 하고 싶다만 그 동안 우리 집에서 일한 정을 생각해서 일주일 간의 시간을 주겠다."

내 말에 그는 무엇에 쫓기는 사람처럼 다급하게 말했다.

"아니오, 안 됩니다. 일주일은 너무 짧아요. 부디 2주일의 말미를 주십시오. 더 이상 다른 부탁은 없습니다."

"일주일이면 주변을 정리하기에 충분한 시간이네. 그 이상은 안 되겠어!"

나는 야박하다 싶을 정도로 매몰차게 대답했다. 그는 더 이상 할말을 잃고 뒤돌아서서 내 방을 나갔다.

그 뒤로 며칠이 지나는 동안 그는 보통 때보다 더 열심히 우리 집 일을 돌보았다. 어느덧 시간이 흘러가면서 나 역시 끓어오르던 분노가 차츰 가라앉았다.

'흠, 내가 블랜턴에게 너무 심하게 했군. 그래, 그가 다시 한 번 내게 용서를 빌러 오면 모르는 척 받아 주자.'

이 집에서 나가라는 날짜가 며칠 남지 않은 어느 날, 나는 문득 블랜턴의 모습이 보이지 않는다는 사실을 알아차렸다.

'그리고 보니 오늘 아침부터 그의 모습이 보이지 않은 것 같은데.'

곧 하인을 불러 블랜턴에 대해 물어보았다.

"오늘 내내 집사가 보이지 않으니 어떻게 된 건가?"

"글쎄요. 저도 어제 저녁부터 보질 못했는데요."

"자네도 모른다고? 그럼, 이 집에 있는 사람들에게 알아보고 오게."

"알겠습니다."

방 안에 앉아만 있을 수 없던 나는 집 안 이곳 저곳을 둘러보았다. 그러다 식당 앞에서 레이첼과 마주쳤다.

"아니, 몸도 좋지 않은데 식당에는 뭐 하러 나왔어?"

"이제 괜찮아요."

레이첼은 기운 없는 목소리로 이렇게 대답했지만, 그녀의 눈은 어딘가에 홀려 있는 듯 초점이 없었다.

"안 돼. 당분간은 집안일을 거들지 말고 충분히 쉬도록 해. 참, 혹시 집 안에서 블랜턴을 못 보았나?"

그러자 그녀는 당황한 얼굴로 머뭇거렸다.

"오늘 집사를 봤다는 사람이 없으니 어떻게 된 일인지 모르겠군."

"그 사람은 이제 여기 없어요."

레이첼은 혼잣말을 하듯 중얼거렸다. 나는 잘못 들은 게 아닌가 싶어 다시 한 번 그녀에게 확인을 했다.

"집사가 여기에 없다니? 그럼 이 집을 나가 버렸단 말이야?"

"호호호, 맞아요. 나가 버렸어요. 이 집 안엔 없어요."

그녀는 아주 시원하다는 듯 이렇게 대답하고는 웃음을 터뜨렸다. 나는 레이첼이 집사에게 마음의 상처를 입은 뒤 가끔씩 제정신이 아니라는 하인들의 말이 생각나서 얼른 사람을 불렀다.

"주인님, 부르셨어요?"

"어서 레이첼을 방으로 데리고 가게. 그리고 간호사를 불러 간호해 주도록 하게."

하인에게 끌려가며 웃어 대는 그녀의 모습은 한없이 가여워 보였다. 잠시 후, 집사의 행방을 알아보라고 지시를 내렸던 하인이 돌아왔다.

"그래, 알아본 게 있나?"

"예, 하지만 집 안 사람들 중에서는 어제 저녁부터 집사님을 본 사람이 한 명도 없습니다. 더욱이 이상한 일은……."

"뭔가?"

"혹시나 해서 집사님 방에 가 보았더니 짐은 그대로 있어요. 집 밖으로 나간 흔적이라곤 찾아볼 수가 없습니다."

그 하인의 말대로 집사의 소지품은 모두 그대로 있었다. 틀림없이 무슨 사고가 난 것이라는 생각이 들어 하인들을 풀어 집 안 구석구석을 샅샅이 뒤지도록 했다.

하지만 그에 대한 아무런 흔적을 찾아낼 수 없었다. 결국 이 곳 경찰에 신고를 해서 집사의 행방을 알아보려고 했다.

"어떻습니까?"

"집사의 모습이 보이지 않은 날 저녁에 비가 내렸기 때문에, 집 안에 있는 잔디에 그의 발자국이 남아 있을 것 같아 살펴봤지만 허사군요."

"그럼 역시 아무것도 알아내신 게 없다는 말씀이군요."

"지금까지는 그렇습니다."

결국 경찰들도 고개만 갸웃거릴 뿐 손도 대지 못했다. 이 즈음 또 다른 사람의 행방이 묘연해지는 사건이 발생했다.

"주인님! 주인님!"

"왜 이렇게 호들갑이야?"

"레이첼이……. 레이첼이 없어졌어요."

"뭐야?"

그 즈음 식당에서 나와 부딪힌 하녀 레이첼은 간호사의 보호를 받으며 방에 머물러 있었다. 그런데 간호사의 말에 의하면, 줄곧 그녀의 옆을 지키고 있다가 깜빡 잠이 든 사이에 없어졌다는 것이다.

"이런……."

곧장 그녀의 행방도 찾아보게 했다.

"주인님! 레이첼의 발자국을 발견했어요."

"어디야?"

"레이첼의 방 창문에서 잔디밭을 지나 연못 쪽이에요."

"자네가 앞장서게."

하인의 뒤를 따라 연못 쪽으로 간 나는 그 자리에 우뚝 멈춰 서고 말았다. 왜냐하면, 레이첼의 발자국은 연못가에서 끊긴 채 더 이상 찾아볼 수 없었기 때문이다.

"아아……. 이게 도대체 무슨 일이람?"

연못은 2미터의 깊이로 그녀의 죽음을 확인하기에 충분했다. 결국 하인들을 동원하여 그녀의 시체를 건지려고 했지만, 아무것도 찾을 수가 없었다.

"주인님, 더 이상은 헛수고예요."

"무슨 소리야? 연못가에서 레이첼의 발자국이 사라진 걸 보면 틀림없이 이 곳에 빠져 죽은 게 분명한데 시체가 나오지 않다니 말이 되냐 말이야."

신경질적인 내 말에 하인들은 다시 연못 속을 휘저었다.

"앗, 갈쿠리에 뭐가 걸립니다!"

"그래? 어서 끌어올려 봐!"

그러나 급히 연못에서 끌어올려진 것은 낡은 보따리 한 개였다. 그 속에는 녹슨 쇠붙이와 제법 많은 유리처럼 생긴 돌들이 들어 있었다.

크게 실망한 나는 하인들과 집 안으로 들어와 다시 경찰에게 이 사건을 맡겼다. 하지만 경찰 역시 집사와 레이첼의 행방을 찾아낼 수 없었다.

홈스를 찾아온 마스그래브는 자신의 집에서 일어난 괴상한 일을 자세히 이야기한 뒤, 다시 한 번 부탁을 했다.

"꼭 행방불명이 된 두 사람을 찾아 주게."

"흠, 자네의 이야기만 듣고선 통 감이 오질 않는군. 우선 현장을 본 뒤에 다시 한 번 내 생각을 정리해 봐야겠어."

"고맙네."

"아 참, 잊을 뻔했군. 왜 그 집사란 사람이 자네의 서랍을 뒤져 한참을 들여다봤다던 자네 가문의 의식문은 가져왔나?"

"물론이지. 수사를 하는 데 도움이 될까 해서 준비해 가지고 왔네."

친구가 내민 의식문을 펼쳐 든 홈스는 소리를 내어 읽었다.

이것은 누구의 것일까?

주인은 이미 이 세상에 없어.

그럼 다음 주인은 누구지?

앞으로 올 사람.

몇 월을 가리키지?

처음부터 여섯 번째.

해는 어디를 비추지?

떡갈나무 꼭대기.

그럼 그림자는 어디에?

느릅나무 아래에.

걸음은 어떻게 옮겨야 하지?

북쪽으로 10보

동쪽으로 5보

남쪽으로 2보

서쪽으로 1보

그리고 아래를 보라.

이것을 어떻게 보호해야 할까?

우리의 목숨을 걸고서.

왜 그렇게 해야 하나?

정의와 믿음을 위해.

홈스는 이 의식문이 매우 흥미롭다는 듯이 입가에 미소를 떠올렸다.

"이 의식문에 대해 더 전해 내려오는 내용은 없나?"

"아마 이 글은 17세기 때쯤부터 우리 집안에 전해져 내려오는 것으로 알고 있네. 그 외에 별다른 점은 들은 바가 없어."

그러자 홈스는 고개를 가로저으며 대답했다.

"흠, 자네 집에서 일하던 두 사람의 행방을 알려면 이 글이 중요한 단서가 될지도 몰라. 게다가 이 글이 사실이라면 그 동안 묻혀져 있던 비밀이 밝혀질 것 같은 생각이 든단 말이야."

"글쎄. 우리 집안 대대로 전해져 오는 문서이긴 하지만 별로 중요하다고 생각해 본 적은 없어."

"틀림없이 블랜턴 역시 이 글에 상당히 관심이 있었을 거야. 혹시 그 전에도 그가 이 글을 읽는 것을 본 적이 있나?"

"아니, 조금 전에 이야기한 대로 그날 밤이 처음이었어. 그 동안 나 몰래 이 문서를 훔쳐봤는지는 알 수 없지만."

홈스는 들릴락말락한 소리로 중얼거렸다.

"그래, 그는 분명 여러 번 이 문서를 훔쳐봤을 거야. 특히 자네에게 들킨 날은 자신의 생각을 다시 한 번 정리하기 위해서였을 거야."

마스그래브와 홈스는 그 날 오후, 함께 헐스턴에 도착했다.

"저쪽은 우리 집 대대로 내려오는 건물이고, 이 곳은 나중에 지은 새 건물일세."

그의 설명대로 오래된 건물의 현관쯤 되어 보이는 곳에 1679년이라는 숫자가 새겨져 있었다. 새 건물인 신관은 그 후로 마스그래브의 한 조상이 구관 옆에 새로 지은 것이었다.

"사실 저 오래된 건물은 저택으로 사용하기에는 불편한 점이 너무 많아 창고 정도로만 쓰고 있네. 나와 하인들은 거의 모두 신관에서 생활하고 있지."

홈스는 그의 설명을 들으면서 건물 주위를 둘러보았다. 낡은 건물과 마찬가지로 아주 오래된 나무들이 그 근처에 둘러서 있었다. 그 건물로부터 조금 떨어진 곳에 연못이 있었다.

"이 연못이 레이첼이란 하녀가 빠져 죽었다고 생각한 그 곳이로군."

"맞아."

"연못은 다시 가로수 길과 연결되어 있군."

마스그래브의 이야기를 듣고 현장을 조사한 홈스는 생각에 잠겼다.

'그래, 두 사람의 실종은 필시 마스그래브 가의 의식문과 깊은 관련이 있어. 없어진 사람을 찾는 것보다 그 의식문을 푸는 게 중요해. 이 의식문엔 이 가문의 사람들이 모르는 비밀이 숨겨져 있는 게 분명해. 그걸 블랜턴이라는 영리한 집사가 눈치채고 암호를 풀려고 고심했던 거야.'

말없이 이리저리 생각을 하던 홈스는 거의 외우다시피 한 의식문을 다시 한 번 되새겨 보았다.

'의식문의 암호를 푸는 데 중요한 단서는 떡갈나무와 느릅나무야. 이 나무들을 기준으로 해서 장소를 찾아나가면 돼.'

이 때 곁에 있던 마스그래브가 홈스의 어깨를 툭 쳤다.

"뭘 그렇게 생각하나?"

"응? 아니네. 그보다 물어볼 말이 있어."

"말해 보게."

"이 집 안에 떡갈나무와 느릅나무가 몇 그루나 있나?"

"흠, 그거라면 간단하네. 각각 한 그루씩이야. 하지만 느릅나무는 지금 우리 집에 없다네."

마스그래브의 대답에 홈스는 놀란 얼굴로 되물었다.

"느릅나무를 어디로 옮겨심기라도 했단 말인가?"

"그게 아니라 베어버렸네. 한 10년 전인가, 굉장한 바람과 함께 벼락이 내리치는 바람에 그만 쓰러져 버렸지. 그래서 할 수 없이 사람들을 시켜 잘라 버렸네."

"이런!"

홈스는 단서가 될 만한 두 나무 중에 한 나무가 없어져 버렸다는 말에 난감했다.

"그럼 혹시 느릅나무가 있던 자리를 기억하나?"

"물론이지. 아마 아직도 그루터기는 남아 있을걸. 나를 따라오게."

마스그래브의 뒤를 따라 잘라진 그루터기가 있는 곳으로 갔다.

"이 곳이야. 워낙 오래된 나무인지라 아직도 흔적이 뚜렷이 남아 있군. 그런데 이 나무와 이번 사건과 무슨 관련이라도 있나?"

"아주 중요한 단서가 될 거야. 하지만 아직 확실한 것은 아니니 다음 기회에 말해 주기로 하지."

느릅나무는 떡갈나무와 이 집 건물의 중간 정도에 위치해 있었다.

'일단 느릅나무의 위치는 찾아냈지만 나무의 높이를 알아야 그림자의 위치를 찾아낼 텐데. 이쯤에서 블랜턴 역시 나와 같은 문제에 부닥쳤을 거야.'

홈스는 블랜턴의 입장이 되어 보았다. 하지만 아무리 해도 잘려진 나무의 높이를 알아낼 좋은 방법이 떠오르지 않았다. 곁에 있던 마스그래브 가 말없이 서 있는 홈스에게 말을 걸어왔다.

"내가 도와 줄 일은 없나? 얼굴을 보니 몹시 난처한 모양이로군."

"혹시……. 혹시 말이야. 이 느릅나무가 제대로 서 있었을 때 높이가 얼마인지 아는가?"

"하하하, 그건 아주 쉬운 질문이군."

마스그래브는 시원스럽게 웃으며 대답했다.

"이 느릅나무의 높이는 19.5미터야."

"아니, 어떻게 그렇게 분명히 기억하고 있나?"

홈스는 마스그래브의 뜻밖의 확신에 찬 대답에 깜짝 놀랐다.

"아마도 어린 시절 내가 공부를 열심히 해 두었기 때문일 거야. 중학생 시절 내 가정교사가 수학을 가르치면서, 우리 집에 있는 나무와 건물의 높이를 재는 방법을 가르쳐 주었지. 해서 난 우리 집의 웬만한 나무들의 높이는 거의 외고 있네."

"아, 그랬군."

하마터면 추리를 하는 데 큰 걸림돌이 될 뻔한 사실을 마스그래브 가 알려 준 덕분에, 수사는 다음 단계로 나아갈 수 있었다.

"가만……. 혹시 이런 질문을 한 사람이 나 외에 또 없었나?"

"없어."

마스그래브는 단번에 잘라 말했다. 그들이 발길을 돌려 떡갈나무 있는 곳으로 가려는 찰나였다.

"잠깐만!"

"왜 그러나?"

걸음을 멈춘 마스그래브는 그제야 생각이 난 듯 홈스를 불러 세웠다.

"저 느릅나무의 높이를 물어 온 한 사람이 생각났어. 몇 달 전 일이라 깜빡했군."

"내 생각이 맞았어. 그럼 내가 그 사람의 이름을 맞혀볼까?"

"아니, 자네가 그 사람을 안단 말인가?"

"자네 집의 집사 블랜턴!"

마스그래브는 놀라는 표정을 지어 보였다.

"맞았어. 블랜턴이 내게 저 느릅나무의 높이를 물어 온 적이 있어. 그때 그냥 지나가는 말처럼 말했기 때문에 별로 신경을 쓰지 않았지."

홈스의 입가에는 만족스러운 미소가 떠올랐다. 그들은 다시 떡갈나무 근처로 가서 해가 떡갈나무 꼭대기에 걸리기를 기다렸다.

'의식문대로 한다면 해는 떡갈나무 위에 위치해야 해. 그런 다음 느릅나무 그림자의 가장 먼 곳을 찾아봐야지.'

잠시 후, 해는 떡갈나무 꼭대기에 위치했다. 하지만 잘려진 느릅나무의 높이만 가지고서는 실제로 그림자의 위치를 정확히 찾아내기란 힘든 일이었다.

"홈스, 이제 어떡할 생각인가? 자네 말대로 떡갈나무의 위치는 태양 위에 있는데, 느릅나무의 그림자는 찾을 수가 없으니."

"나도 그 생각을 하고 있던 참일세. 하지만 블랜턴도 이와 같은 문제를 만났을 것이고, 그는 풀어냈어. 우선 긴 줄 있으면 준비해 주게."

홈스의 부탁을 받은 마스그래브는 하인을 시켜 되도록 긴 줄을 가져오게 했다.

"자, 이 줄의 1야드(1야드는 약 92센티미터)마다 매듭을 짓도록 하게. 그리고 6피트(1피트는 약 30.5센티미터)의 낚싯대 하나를 준비해 주게."

홈스는 떡갈나무와 건물의 중간에 있는 느릅나무에서 낚싯대를 들고 그림자를 만들었다.

"자, 이 낚싯대가 가리키는 그림자의 길이를 땅에 표시한 뒤 그 길이를 재 주게."

"9피트쯤 되는 것 같군."

홈스는 들고 있던 낚싯대를 가만히 자리에 내려놓은 뒤, 계산을 했다.

"그럼 이 느릅나무가 잘려지기 전의 그림자의 길이는 96피트로군."

"어떻게 그런 계산이 나왔지?"

"간단해. 6피트의 낚싯대가 가리키는 그림자의 길이가 9피트라면 64 피트의 나무의 그림자의 길이는 당연히 96피트가 될 걸세."

마스그래브는 홈스의 설명에 다시 한 번 혀를 내둘렀다.

"자, 이제 96피트 지점에 표시를 하기로 하세."

그들이 표시를 한 곳은 거의 건물의 외벽 근처였다.

"이 곳이 우리가 거리를 잰 지점이로군. 아, 이건……."

"왜 그러나?"

마스그래브는 홈스가 가리키는 곳을 바라보았다. 그 곳은 그들이 나무의 그림자를 잰 곳으로부터 5센티미터쯤 떨어진 곳이었다.

"아니, 여기도 누군가가 말뚝을 박아놓은 흔적이 있군."

"맞아, 바로 블랜턴이 위치를 표시해 두기 위해 우리처럼 해둔 거야. 자, 이제 그를 찾을 때도 그리 멀지 않은 것 같네."

홈스는 주머니에서 작은 나침반을 꺼내 들었다.

"북으로 10보, 그 다음 동으로 5보, 그리고 남으로 2보, 다시……."

의식문의 글귀대로 한 결과 홈스는 건물의 외벽을 따라 걷다가 건물의 돌바닥 앞에 멈춰 섰다.

'이런, 이 곳은 내가 생각한 곳이 아닌데. 계산을 잘못한 것 같지는 않은데……. 이상하군.'

단단한 석회로 만들어진 바닥은 사람의 손길이 스쳐간 흔적이 없었다. 게다가 돌을 바닥에서 뜯어내기란 어려운 일 같았다.

"이를 어쩌지?"

그 때 마스그래브가 곁으로 다가와 이렇게 외쳤다.

"한 가지 잊은 게 있어. '그리고 아래를 보라'라는 문구가 있었잖아."

"맞아! 그렇다면 여기서 이 곳을 파내려가라는 뜻이로군. 혹시 이 아래 지하실 같은 거라도 있나?"

"있지. 아주 오래된 지하실이 있는 걸로 기억하고 있네."

그들은 곧 지하실로 내려가는 길을 찾아 계단을 조심스레 걸어 내려 갔다. 등불을 손에 든 채 지하실 입구에 이르자 안이 환히 보였다. 한 쪽에는 장작이 높이 쌓여 있었고, 다른 쪽은 여기저기 장작이 널려져 있었다.

"저쪽으로 가 보세."

장작이 널려진 곳을 치우니 바닥에 사람이 겨우 드나들 만한 문이 있 었고 그 문은 돌덩이로 가로막혀 있었다. 돌덩이 앞에는 녹이 슬 대로 슨 문고리가 달려 있었다.

"아니, 이건……."

마스그래브는 녹슨 문고리에 달려 있는 목수건을 발견하고는 깜짝 놀 라는 눈치였다.

"왜 본 적이 있는 물건인가?"

"이건 블랜턴이 매고 다니던 목수건이 틀림없네."

"확실한가?"

"늘 목에 매고 다니던 수건이라 잘 알고 있지. 그렇다면 이 수건이 그 가 이 곳을 다녀간 것을 증명해 주는 셈이로군."

"그럼 이쯤에서 경찰을 부르도록 하세."

홈스는 문득 무슨 생각이 들었는지 마스그래브와 함께 지하실을 나와 하인을 시켜 경찰을 데려오도록 했다.

그들이 땅으로 올라와 서성이고 있을 때 드디어 경찰관 한 명이 멀리서 걸어오는 모습이 보였다.

"어서 오시오."

"어디 블랜턴이 있는 곳을 찾았소?"

"아마 곧 찾게 될 것이오. 그 전에 우리와 함께 지하실로 내려가 무거운 돌을 치우는 것 좀 도와주시오."

경찰관과 함께 다시 지하로 내려간 그들은 힘을 합해 돌문에 달린 문고리를 잡아당겼으나 좀처럼 움직이지 않았다.

"안 되겠군. 아예 돌문을 이쪽으로 끌어당기는 편이 훨씬 낫겠어."

돌문이 옆으로 치워지자 조그만 구덩이가 발 아래에 나타났다.

"자, 등불을 동굴 안에 비춰 보게."

마스그래브 가 등불을 들어 구덩이 안을 비추자, 홈스는 고개를 들이밀어 안을 살펴보았다. 구덩이는 깊이가 2미터쯤 되어 보이고, 넓이는 사방 1미터가 조금 넘어 보였다.

"저기 상자 하나가 보이는군. 앗, 그리고 그 옆에……."

"홈스, 왜 그러나?"

"사람이 웅크리고 앉아 있는 것 같아."

홈스의 말을 들은 마스그래브는 혹시나 하는 마음에 서둘러 구덩이 쪽으로 고개를 들이밀었다.

"어디 나도 좀 보세. 저……. 저 사람은 블랜턴이야!"

이 때 옆에 있던 경찰관이 다시 확인하며 물었다.

"확실합니까? 고개를 깊숙이 파묻고 있어 얼굴이 보이지 않을 텐데 어떻게 안단 말이오?"

"저 검은 옷은 블랜턴이 없어지던 마지막 날 보았던 옷이 틀림없소."

경찰관의 도움을 받아 상자 옆에 죽어 있던 시체를 구덩이 밖으로 끌어냈다. 가까이에서 보니 블랜턴이 확실했다.

"이상하군. 몸에 상처가 전혀 없는 걸로 봐서는 누군가에 의해 죽임을 당한 것 같지는 않은데……."

"그럼 어떻게 죽은 걸까요?"

그들 곁에 있던 홈스는 추측을 해 보았다.

'몸에 상처가 나지 않았다면 이 구덩이에 갇혀 굶어죽은 게로군.'

시체가 밖으로 옮겨지고 난 뒤, 구덩이 밑으로 내려간 홈스는 상자를 살펴보았다. 쇠로 만든 상자의 뚜껑은 열려진 상태였고, 오랜 세월 이곳에 있었음을 나타내 주듯이 상자의 곳곳은 곰팡이가 슬어 있었다.

'이건 뭐지?'

상자 안을 들여다보던 홈스는 상자 바닥에 들러붙어 있는, 옛날 화폐 같기도 한, 녹이 잔뜩 슨 쇠붙이 몇 개를 발견할 수 있었다.

'혹시 이번 사건에 도움이 될 만한 것인지도 모르니까 잘 보관해 두어야겠군.'

외투 주머니에 쇠붙이를 집어넣고 홈스는 잠시 그 동안의 일을 추리해 보았다.

'행방이 묘연했던 블랜턴을 이 곳에서 찾게 되었으니 사건은 절반 정도 풀린 셈이라고 할 수도 있겠지만, 사실 아직 이 사건은 아무것도 해결된 게 없어.'

홈스는 나름대로 사건을 추리해 보았다.

'자, 내가 블랜턴이 되어 생각해 보자. 우선 블랜턴은 어떤 굉장한 사실을 알아내고는 머리를 써서 이 곳까지 왔을 것이다. 하지만 조금 전처럼 저 무거운 돌문을 혼자서 열기란 어림없었을 거야. 그럼 분명 또 한 사람의 협력자가 필요했을 텐데.'

그는 갑자기 무슨 생각이 들었는지 무릎을 탁 쳤다.

'그래, 레이첼이야. 블랜턴은 아직도 자신을 잊지 못하는 그녀를 찾아가 부탁했던 거야. 부탁을 받은 그녀는 거절하지 못했을 게 뻔해.'

하지만 거기까지 생각이 미치자, 과연 남자 세 사람이 달라붙어도 겨우 옮긴 무거운 돌문을 여자와 함께 둘이서 어떻게 들어올렸을까 하는 의문이 남았다.

홈스는 혹시 돌문을 여는 데 사용했을 도구가 남아 있지 않을까 하여 주변을 두리번거렸다.

"여기 있군."

동굴 안에는 중간 정도 크기의 나무 막대기가 몇 개 널려 있었다. 홈스는 그 중 한 개를 집어들었다.

'이 막대기를 돌 틈에 쑤셔 넣은 다음 둘이서 돌을 밀어 올렸군.'

그리고 블랜턴이 구덩이 밑으로 원하는 물건을 가지러 내려갔을 것이다. 물론 위에서는 레이첼이 기다리고 있었을 것이다.

"자, 받아!"

블랜턴은 상자 안에 있던 귀한 물건을 꺼내 레이첼에게 건넸을 것이다. 그리고 난 뒤, 블랜턴은 구덩이 위로 올라오려고 그녀에게 팔을 내밀었을 테고.

'이제 레이첼이 되어 생각해 보자. 구덩이에서 손을 내밀고 있는 블랜턴을 본 레이첼의 심정은 어떠했을까? 아마 지나간 일들이 그녀의 머릿속을 스쳐 갔겠지.'

홈스는 레이첼이 된 심정으로 그 당시를 상상해 보았다.

'저 사람은 내 마음에 상처를 준 사람이야. 이번 일이 끝나면 다시 나에게서 멀어질지도 몰라. 아니, 이 지하실을 나가는 순간부터 내게 등을 돌리고도 남을 사람이야. 흐흐흐, 절대 그렇게 두지 않을 거야.'

순간적으로 독한 마음이 든 레이첼은 그 동안 자신을 멀리했던 블랜턴에 대해 복수의 칼을 갈았다. 아니, 영원히 자신의 남자로 남아 있기를 간절히 바랐는지도 몰랐다.

그녀는 돌문을 받치고 있던 막대기를 빼 버리고 그가 두려움에 떠는 소리를 뒤로 한 채 돌문을 닫았을 것이다. 그 뒤 며칠 동안 이 곳에 갇혀 지내게 된 블랜턴은 상자 옆에서 결국 죽음을 맞이하게 된 것이다.

홈스는 이 구덩이에서 있었던 일을 주변에 있던 증거물과 함께 머릿속으로 그려 보았다.

'그리고 레이첼은 다음 날이 되자 자신이 한 짓이 엄청난 일이었음을 깨닫고 두려움에 떨었을 거야. 그 때 마침 마스그래브를 식당 앞에서 만났고, 그녀는 미친 사람처럼 헛소리를 지껄였던 거야.'

모든 내용이 이제까지 있었던 일과 앞뒤가 대강 맞아 들어갔다.

"그럼 이제 남은 것은 레이첼의 행방과 이 상자 안에 무슨 물건이 들어 있었는지 알아보는 거로군."

홈스는 구덩이를 나와 마스그래브와 이야기를 나누었다. 홈스는 주머니에 넣어 두었던 상자 속 물건인 쇠붙이를 꺼내 보였다.

"혹시 이게 뭔지 알겠나?"

"오래된 화폐인 것 같은데, 어디 보세."

건네받은 쇠붙이를 이리저리 둘러보던 마스그래브는 흥분한 얼굴로 소리쳤다.

"아, 이건 찰스 1세 때의 화폐로군."

"아마 자네 말이 맞을 거야."

홈스는 무언가 짐작 가는 일이 있기라도 한 듯 이야기를 꺼냈다.

"그렇다면 아직 중요한 물건이 더 있을 것 같군."

"중요한 물건이라면?"

"일전에 내게 들려준 연못에서 나온 보따리를 보여주게."

"아, 그 보따리라면 내 서재에 있지."

마스그래브는 앞장을 서고 홈스는 그 뒤를 따라 집 안으로 들어갔다. 서재 한쪽 귀퉁이에 놓여져 있는 보따리를 끄르자, 몇 가지 물건들이 쏟아져 나왔다.

"겉으로 보기에는 녹슨 쇠붙이와 빛을 잃은 돌조각 같을 것이네. 하지만……."

홈스는 그 중 하나를 집어 올려 정성스럽게 닦기 시작했다.

"자, 보게."

"오, 믿을 수가 없군."

조금 전 거의 색이 없던 것이 밝은 빛을 내고 있었다. 시커먼 녹이 슨 쇠붙이도 자세히 살펴보니, 무슨 모양을 하고 있었던 것이 구겨져 있음이 드러났다.

"이 물건이 무엇인지는 곧 말해 주겠네. 그 전에 물어볼 말이 있어. 찰스 1세가 세상을 떠난 뒤에도 왕당파가 이에 굴복하지 않고 영국 전역에 흩어져 맞서 싸웠지. 결국 쫓기는 신세가 된 그들이 이 곳을 떠나면서 귀한 보물들을 어딘가에 숨겨 놓았을 거야. 자네는 그 보물들을 어떻게 처리했다고 생각하나?"

마스그래브는 집 안에 전해져 내려오는 내력을 이야기했다.

"맞아, 언젠가 할아버지께 들은 기억이 있어. 아마 우리 조상 중에 7대조 할아버지쯤 되시는 분 중에 레프 마스그래브라는 분이 있는데, 왕당파의 핵심 인물이라고 알고 있어. 가끔 집안 이야기를 들려줄 때면 그 분은 찰스 2세 때 왕의 오른팔 노릇을 할 정도로 유명하신 분이라고 말씀하시곤 했지."

"자네의 기억이 분명하다면 블랜턴이 손에 넣으려던 그 보물은 자네 것이네. 이 집안에 대대로 전해 내려오는 그 의식문은 대단한 보물을 찾게 해 준 열쇠고.”

“대단한 보물이라니 도대체 무슨 말인가?”

홈스의 설명에 마스그래브는 무슨 영문인지를 몰랐다.

“자네 눈앞에 있는 물건이 바로 영국 왕들이 쓰던 왕관이란 말이네.”

“뭐라고?”

“그래, 놀랄 만하지. 의식문에 쓰여 있는 대로 이 왕관의 주인은 찰스 1세였지. 하지만 그가 처형된 뒤로 찰스 2세가 왕관의 새 주인이 되었어. 아마도 그 시대를 꿰뚫어 볼 줄 아는 사람이 쓴 의식문이네.”

“하지만 왕관이라고 하기에는…….”

마스그래브는 믿어지지 않는 얼굴로 새삼스럽게 쇠붙이 조각을 내려다보았다.

“우리 눈앞에 있는 것이 예전에 그토록 찬란했던 왕관이라고 하기에는 너무 손상이 되어 있지만 왕관임에는 분명하네.”

“그렇다면 궁금한 점이 있네.”

“내가 아는 대로 설명해 주지.”

“이것이 찰스 1세의 왕관임이 분명하다면 왜 찰스 2세는 외국에서 다시 돌아온 뒤 이 왕관을 찾지 않았을까?”

홈스는 두 눈을 깜빡이며 대답했다.

“글쎄, 그 점에 대해서는 나도 잘 설명할 수가 없네, 단지 그 점은 이렇게 생각해 보면 어떨까? 자네의 조상인 레프 마스그래브 경이 왕관을 집 건물 지하실에 잘 숨겨둔 채로 갑작스런 죽음을 맞이하게 되었고, 이런 날이 올 줄 알았던 레프 마스그래브 경은 왕관의 위치를 암시한 의식문을 자손들에게 남겨 두었다. 이 정도만 알아 두세.”

말을 마친 홈스는 한 가지 덧붙였다.

"그리고 머리 회전이 빠른 블랜턴이 어느 날 자네 서재에서 우연히 읽어본 의식문에 관심을 갖기 시작하면서 일이 이렇게 된 거지."

"그렇다면 이번 일의 모든 의문점은 거의 풀린 셈이군. 그럼 왕관을 싸둔 보따리가 연못 속에서 나온 것도 레이첼이 흔적을 없애 버리기 위해 일부러 던져 넣은 것이라고 생각해도 되겠군."

"맞아."

"결국 이번 사건은 레이첼의 행방만 남은 것 같군."

홈스는 그녀를 찾는 일에 큰 흥미를 갖지 않아 보였다.

"이제 이 사건은 여기쯤에서 마무리하는 게 좋겠어. 그녀를 찾아낸다는 것은 결코 쉬운 일이 아니니까."

사라진 나폴레옹 흉상

영국 런던 경시청 소속의 경감들이 홈스를 찾아오는 일은 별로 놀랄 만한 일이 아니었다. 게다가 홈스는 몇몇 경감들과는 아주 친한 편이었다. 대개가 풀리지 않는 수수께끼 같은 사건을 맡을라치면 홈스를 찾아오곤 했다.

"아, 따분해."

홈스는 두 손을 뒤로 뻗으며 기지개를 켰다.

"이봐, 왓슨! 종이에다 뭘 그렇게 끄적거리고 있나?"

"응, 한가할 때 자네가 해결한 사건을 책으로 쓰기 위해 원고를 정리하고 있네."

나는 홈스에게 고개도 돌리지 않은 채 쓰던 글을 계속 써 나갔다. 이미 해가 지고 저녁 무렵이 다 되었을 때였다.

"딩동!"

"다 늦은 저녁에 누굴까?"

홈스는 자리에서 일어나 문 쪽으로 다가갔다.

"아니, 이게 누구십니까?"

"그 동안 잘 지내셨소?"

이 곳을 찾아온 사람은 런던 경시청 소속의 레스트레드 경감이었다.

"물론이오. 자, 안으로 들어오시오."

"아, 왓슨 박사님도 함께 계셨군."

"어서 오십시오."

나는 쓰던 원고를 내버려 둔 채 레스트레드 경감에게 인사를 했다. 찻물을 올려놓고는 책상에 둘러앉아 안부 인사를 나누었다.

'마침 홈스가 갑갑해하던 참에 경감이 잘 들러 주었군. 아마 감당하기 힘든 사건 하나를 물고 왔겠지. 후후, 홈스의 눈빛이 조금 전과는 달리 아주 빛이 나는군.'

나는 홈스의 얼굴을 건너다보며 미소를 지었다.

"별다른 사건은 없었나요?"

"신문에 난 사건이라면 홈스 씨도 잘 아실 테고, 신통치 않은 일거리가 몇 개 있을 뿐이지요."

먹이를 기다리던 홈스의 눈빛에 실망의 빛이 지나쳐 갔다. 나는 차를 준비하여 두 사람에게 권했다.

"자, 드시죠."

"고맙소."

레스트레드 경감은 차를 들어 조금 마신 뒤, 한숨을 내쉬었다.

"휴!"

경감의 한숨 소리에 무언가 있다는 것이 느껴졌다.

'그러면 그렇지. 레스트레드 경감이 안부 인사만 하려고 이 곳에 들

렸을 리가 없지. 풀리지 않은 문제가 있어 홈스에게 도움을 청하러 온 게 분명해.'

홈스 역시 나와 같은 생각을 하는 눈치였다.

"경감, 무슨 문제라도 있소? 내가 도울 수 있는 문제라면 기꺼이 도와 드리겠소."

"글쎄요……. 이번 사건은 도대체 제정신을 가진 사람의 짓이라고는 할 수 없으니, 사건이라고 할 수 있을지조차 의심스럽군요."

경감은 가지고 있던 담배에 불을 붙였다. 뻔한 사건보다는 풀리지 않는 괴상한 문제에 더 흥미를 느끼는 홈스이기에 의자를 경감 쪽으로 바짝 끌어당겼다.

"우선 사건의 내용부터 말해 보시오."

"경찰 쪽에서는 아마 나폴레옹 1세를 증오하는 사람쯤으로 사건의 가닥을 잡아가고 있소만……."

"나폴레옹 1세라니요?"

"사실 정신병을 가진 사람을 범인으로 지목해야 할 정도로 이상한 사건이지요. 만약 제정신을 가진 사람이 한 짓이라면, 이처럼 괴상한 사건도 없을 거예요. 아, 그렇군. 여기 계신 왓슨 박사님께 정신 감정을 해 보는 것도 좋은 방법이겠군."

두 사람이 대화를 나누는 것을 듣고만 있던 나는 얼른 물었다.

"범인으로 지목된 사람이 정신병력이 있습니까?"

"아직까지 밝혀진 건 없습니다만, 그가 하고 다니는 짓이 아무래도……."

"대체 무슨 짓을 한 겁니까?"

"나폴레옹의 석고상을 닥치는 대로 부수고 돌아다니는 사나이가 있소. 나폴레옹의 석고상이 있는 곳이면 어디든, 가게며 남의 집까지도 몰래 들어가 처참하게 깨뜨려 버린단 말이오."

홈스는 레스트레드 경감에게 좀더 자세히 말해 줄 것을 부탁했다. 경감은 외투를 뒤적거려 무언가 빽빽이 적어둔 수첩 하나를 꺼냈다.

"처음 보고된 사건은 나흘 전의 일로 케닝턴 가의 모스 허드슨이라는 석고상 가게에서 일어났소."

경감이 들려준 사건은 대략 다음과 같았다.

모스 허드슨이 운영하는 가게는 미술품을 전문으로 하는 곳이었다. 그 날 주인은 볼일이 있어 가게를 비우고 종업원이 대신 손님을 맞고 있었다.

"이제 좀 한가하군. 잠깐 안으로 들어가 차라도 한 잔 마셔야겠다."

종업원은 잠시 자리를 비웠다. 그 때였다.

"와장창!"

가게 일을 보던 종업원은 어디선가 조각이 깨지는 소리를 들었다.

"이게 무슨 소리지? 뭔가 떨어지는 소리 같은데."

그는 설마 가게에서 나는 소리라고는 생각지 않았기 때문에 차를 마저 마신 후, 가게로 돌아왔다.

"이런! 어느 놈이 이런 짓을……."

진열된 상품 중에 다른 것은 그대로 있고, 얼마 전에 도매상으로부터 들여온 나폴레옹 석고상이 완전히 박살이 나 있었다.

놀란 마음을 진정한 종업원은 서둘러 가게 문을 열고 밖으로 뛰쳐나갔다. 하지만 길가에는 수상해 보이는 사람이 없었다. 그는 길 가던 사람과 근처에 사는 몇몇 사람을 붙잡고 물었다.

"혹시 우리 가게를 얼쩡거리던 수상한 사람을 보지 못했나요?"

"못 봤는데요."

길 가던 사람들은 이렇게 대답할 뿐이었다. 하지만 옆에 있던 가게의 종업원이 눈치를 보며 이렇게 일러주었다.

"조금 전 어떤 사나이가 그 가게에서 후닥닥 뛰어나오더니 저 샛길로 재빨리 도망쳐 버린 걸 봤소."

"정말입니까? 혹시 얼굴을 보았나요?"

"순간적으로 일어난 일이라 얼굴까지는 보지 못했소."

허드슨 가게 종업원은 고맙다는 인사를 하고 다시 가게로 들어왔다. 나중에 돌아온 주인은 종업원에게 낮에 있었던 일을 전해 듣고, 마침 그 곳을 순찰 중이던 경찰관에게 신고를 했다.

"나폴레옹 흉상 외에 없어진 물건은 없나요?"

경찰관은 사건을 접수하면서 허드슨에게 물었다.

"예. 제가 다시 가게 물건을 살펴봤는데 다른 것은 모두 그대로 있어요. 사실 처음엔 산산조각이 난 석고상의 물건값이라고 해야 몇 실링 되지 않으니 신고를 하지 않으려고 했죠. 하지만 혹시 정신 이상자의 짓일지도 모른다는 생각이 들어 이렇게 말씀드리는 겁니다."

"일단 사건은 접수하도록 하겠습니다."

레스트레드 경감은 두 번째로 일어난 나폴레옹 흉상 사건에 대해서도 이야기했다.

두 번째 사건은 어젯밤에 일어난 일이었다. 역시 캐닝턴 가의 주택에서 생긴 사건으로 모스 허드슨 가게에서 그리 멀지 않은 곳이었다.

이번 일을 당한 사람은 버니커트 박사로 개업한 병원 2개를 가지고 있을 정도로 주변 사람들로부터 평판이 좋았다.

버니커트 박사의 유일한 취미는 나폴레옹에 관한 자료와 기념품을 수

집하는 것이었다. 옆에 있는 사람들은 그를 나폴레옹의 열렬한 숭배자로 일컬을 정도로 집 안 곳곳에 기념품이 수두룩했다.

얼마 전에도 모스 허드슨 가게에서 나폴레옹의 흉상을 복제한 석고상을 발견하고는 어느 새 사람을 시켜 2개를 사들였다.

"자, 흉상 한 개는 집 거실에 장식해 두고 또 하나는 블리스턴 가에 있는 제2병원에 옮겨 두도록 하시오."

박사는 흡족한 마음에 오늘 아침 눈을 뜨자마자, 어제 들여온 나폴레옹 흉상을 보기 위해 거실로 내려갔다.

"이봐!"

"부르셨습니까?"

박사는 거실에 두었던 흉상이 보이지 않자 사람을 불러서 물어보았다.

"어제 들여온 나폴레옹 석고상은 어디로 옮겼지?"

"옛? 옮기다니요?"

"아니, 그럼 자네도 모르는 일이란 말인가?"

"저뿐만 아니라 다른 사람 역시 그 석고상을 옮긴 적이 없습니다."

버니커트 박사는 도대체 어떻게 된 일인지 감을 잡을 수가 없었다.

'아니, 여기 놔둔 석고상이 발이라도 달렸나? 사람의 손이 닿지 않았다면 어디로 사라진 걸까?'

잠시 후, 박사는 사람들을 불러 모두에게 석고상의 행방을 물어본 뒤 집 근처를 찾아보게 했다.

"박사님! 석고상을 찾았어요."

"그래, 지금 어디 있나?"

병원에 딸린 집 근처 담벼락에서 없어진 나폴레옹의 흉상이 발견되었다. 하지만 처음의 모습 그대로가 아니었다.

"누가 이런 짓을……."

흉상은 본래 모습을 찾아볼 수 없을 정도로 무참히 깨져 있었다. 박사는 몹시 기분이 나빴지만 할 수 없는 일이라고 생각하고 사람을 시켜 흉상 조각을 쓸어버리라고 했다. 버니커트 박사는 하루에 한 번 정도 제2병원을 찾아 업무를 보고받았다.

"마침 잘 오셨습니다."

"왜 급한 일이라도 있었나?"

"사실은 어젯밤에 일어난 일인 것 같습니다만……."

제2병원의 책임자는 난처한 얼굴로 버니커트 박사를 맞이했다. 병원의 책임자는 오늘 아침 출근을 하고 나서야 벽난로 위에 두었던 나폴레옹 흉상이 무참히 깨져버린 사실을 발견했다고 전했다.

"하룻밤 사이에 도대체 이게 무슨 일이람? 설마 우리 병원에 무슨 원한을 품고 이런 짓을 한 건 아닐까?"

"박사님, 그렇지는 않은 것 같습니다. 만약 박사님의 추측대로 그런 마음을 먹은 범인이라면 다른 물건은 놔두고 굳이 나폴레옹 흉상만을 깨뜨리진 않았을 것입니다."

"자네 말도 일리가 있군. 하지만 한 번도 아니고 두 번씩이나 고의로 한 짓을 모른 체 넘어갈 수는 없어. 당장 경찰에 알리도록 하게."

"알겠습니다."

홈스는 레스트레드 경감의 사건 이야기를 꼼짝하지 않고 듣고 난 뒤, 물었다.

"그럼 버니커드 박사의 병원에서 부수어진 흉상 두 개와 모스 허드슨 가게에서 박살난 나폴레옹 흉상은 같은 원형에서 나온 것입니까?"

"그렇소."

"그렇다면……."

"왜 짐작 가는 일이라도 있나요?"

레스트레드 경감은 홈스 곁으로 바짝 다가앉았다.

"그 세 개 흉상이 같은 것이라면 그것은 단순히 나폴레옹을 지독히 미워하는 사람의 짓은 아닙니다."

"무슨 근거로 그렇게 생각하나요?"

"런던 거리에 있는 나폴레옹 흉상을 모두 찾아낸다면 아마 수백 개, 아니 수천 개나 될 겁니다. 그런데 특별히 같은 모형에서 나온 흉상만을 부수어 버렸다면 뭔가 다른 이유가 있지 않을까요?"

경감은 고개를 가로저으며 대답했다.

"물론 그렇게 생각할 수도 있어요. 하지만 범인이 캐닝턴 가 근처에 살고 있는 사람이라면 가까운 곳에 있는 나폴레옹 흉상부터 처리하려고 할 겁니다. 게다가 모스 허드슨 가게에서 나폴레옹 흉상을 거의 2년 동안 그 세 개밖에 취급하지 않았으니까요."

"레스트레드 경감, 어떤 복수심에 불타 한 곳만을 집요하게 생각하는 사람일지라도 다른 생각은 정상일 수가 있어요. 하지만 그런 사람인 경우 무슨 엉뚱한 일을 거침없이 저지를지도 모르는 일이지요."

나는 두 사람의 대화에 보충 설명을 해 주었다. 그러자 홈스는 내 생각이 이번 사건과는 상관이 없다는 말을 해 주었다.

"이번 사건은 정신 이상자가 한 짓은 아니야. 일부러 흉상이 있는 곳을 찾아가 장소에 신경을 써가며 부순 것만 해도 알 수 있어."

"흉상을 깨뜨릴 때 주변에 특히 신경을 썼다니?"

"없어진 흉상이 발견된 장소를 잘 생각해 보게."

"흠, 본 병원에서는 집 담벼락에서 발견이 됐고, 제2병원에서는 흉상을 놔 두었던 그 자리에서 산산조각이 났지."

"맞았어. 박사의 집에서는 다른 사람이 잠에서 혹시라도 깨어날까 봐 염려해서 그대로 들고 나가 집 근처에서 박살을 낸 거야. 하지만 제2병원에서는 사람들이 퇴근하고 난 뒤라 그럴 염려가 없었지."

나는 그제야 이해가 간다는 듯이 고개를 끄덕였다.

"아, 그래서 흉상이 있던 그 자리에서 깨뜨려 버린 거로군."

"그렇지."

"참, 레스트레드 경감! 이번 사건은 끝난 게 아닐지 모르니 각별히 주의를 기울여 주세요. 그리고 무슨 일이 있거든 내게 연락해 주시오."

경감은 홈스의 당부를 듣고 자리에서 일어났다.

경감이 다녀간 뒤 얼마 되지 않아 홈스는 전보 한 장을 배달받았다.

"흠, 내가 염려했던 일이 드디어 터졌군."

"무슨 일인데 그렇게 심각한 표정인가?"

나는 어젯밤에 늦게 잠이 들었기 때문에 아직도 침대에서 뒤척이고 있었다.

"자네도 어서 외출할 준비를 서두르게. 레스트레드 경감이 우리에게 급히 오라고 전보를 쳤네."

"어디로 와 달라는 건가?"

"켄징턴 구 피트 가라고 되어 있군."

"일전에 일어났던 나폴레옹의 흉상 사건과 관련이 있는가?"

"글쎄. 우선 간단히 아침식사를 한 뒤 마차를 부를 테니 가 보세."

우리 두 사람은 곧 집을 나서 한 시간이 못 되어 피트 가에 이르렀다. 이 곳은 도심의 화려한 곳에서 약간 벗어난 곳으로 드문드문 부잣집들이 눈에 띄는 주택가였다.

"홈스, 저기 웬 사람이 저렇게 많이 몰려 있지?"

"힘들게 우리가 가려는 집을 찾을 필요가 없겠군. 아마 저 집이 사건이 일어난 곳인 것 같군."

과연 사람들이 수군대며 서 있는 그 곳이 우리가 찾는 집이었다.

"물건이 없어진 정도가 아니라 큰 사건이 있었나 보군. 구경꾼들의 표정이 심상치 않은 걸로 봐서 말이야."

"저기 레스트레드 경감의 모습이 보이네."

현관에 들어서는 우리를 발견한 경감은 손을 흔들어 집 안으로 들어오라고 손짓을 해 주었다. 경감은 무척 굳은 얼굴이었다.

"오시느라 수고했소. 자, 인사하시오. 여기는 이 집 주인인 호레이스 하커 씨요."

"아, 홈스 씨로군요. 만나뵙게 되어 영광입니다."

홈스를 알고 있는 듯한 이 집 주인은 '중앙 통신 조합'의 통신 기자였다. 나 역시 하커 씨와 간단한 인사를 나누었다.

"아마도 일전에 있었던 흉상 사건의 계속이겠지요. 이번엔 흉상이 없어진 정도가 아닌 것 같은데."

"맞아요. 이번에는 살인 사건이 일어났어요."

경감은 이 집 주인인 하커 씨를 바라보며 눈짓을 했다.

"하커 씨, 이 분들께 어제 있었던 사건에 대해 다시 한 번 자세히 들려 주시겠소?"

"휴, 처음부터 다시 똑같은 내용을 반복해야 한다니……. 어젯밤 일을 생각하면 몸서리가 쳐지는데 말이오. 하지만 홈스 씨라면 어린애도 알 정도로 명탐정이시니, 꼭 해결해 주시리라 믿고 말씀드리겠소."

이미 지칠 대로 지쳐 있던 집 주인 하커 씨는 어렵게 입을 열었다. 그가 겪은 일은 다음과 같았다.

어제 역시 통신 기자로 일하고 있는 탓에 늦은 시간까지 서재에서 원고를 쓰고 있었다. 그러다 문득 이상한 소리를 들었다. 아마 3시쯤 됐을 때였다.

'무슨 소리가 아래층에서 들린 것 같은데……'

희미하게 들려오는 소리는 잘못 들은 게 아닌가 싶었다. 그런데 다시 쓰던 기사를 정리하려던 바로 그 때였다.

"아악……."

그건 분명 사람의 비명 소리였다. 그 순간 온몸에 소름이 끼치면서 한 동안 꼼짝을 할 수가 없었다.

'아래층에서 무슨 일이 일어난 게 틀림없어. 아, 어떡해야 하나?'

잠시 망설이던 그는 손에 잡히는 대로 무언가를 들고 천천히 계단을 내려갔다. 그리고 소리가 나는 곳으로 가 보았다.

거실에는 밖으로 난 창문이 활짝 열려져 있었다. 순간 누군가가 이곳에 들어왔다는 사실을 알 수 있었다. 하지만 특별히 물건을 뒤진 흔적이라곤 없을 정도로 사방이 깨끗했다.

"아, 흉상이 없어졌군."

벽난로 위에 놓여 있던 나폴레옹 흉상이 없어진 것은 잠시 후 알게 되었다. 그 흉상은 서너 달 전쯤에 하이 가의 하딩 형제 상회에서 사들인 것이었다.

흉상 외에 집 안에 있는 물건은 다 그대로여서 그는 창문을 닫고 현관으로 나가보았다. 막 밖으로 나가려는 순간, 그는 무엇인가에 걸려 앞으로 넘어지고 말았다.

"아이쿠!"

발에 걸린 게 무엇인가 확인하는 순간, 그는 그만 기절할 뻔했다. 그

것은 시뻘건 피를 흘리고 쓰러져 있는 시체였다.

벌떡 자리에서 일어선 그는 있는 힘껏 소리를 질러 집 안 사람들을 깨웠다. 그리고 사람들이 몰려오는 소리를 들으며 그는 그 자리에 쓰러지고 말았다.

중년의 나이쯤 되는 집 주인 하커 씨는 아직도 어제 일이 눈앞에 선한지 흘러내린 머리칼을 뒤로 넘기며 긴장했다.

"그렇다면 죽은 사람의 신원은 확인이 되었소?"

"아직 밝혀진 것은 없어요. 일단 큰 키에 건장해 보이는 체격으로 나이는 서른 살이 채 되지 않은 것 같소."

"주변에서 발견된 증거물은 없었소?"

홈스는 경감에게 자세히 물었다.

"우선 해군용 칼 한 자루가 시체 곁에 떨어져 있었고, 시체의 옷에서 사과 하나, 실, 조잡하게 그린 런던 지도, 그리고……."

경감은 자신이 가지고 있던 마지막 증거물을 홈스에게 내밀었다. 그것은 일반 스냅 사진이었다.

"얼굴 생김새가 마치 원숭이와 흡사한 느낌의 사나이로군. 그리고 아래턱이 일반 사람들보다 튀어나온 것이 특징이군."

홈스는 사진 속 사나이의 얼굴을 들여다보며 중얼거렸다.

"참, 이 집에서 없어진 나폴레옹 흉상에 대해 보고된 소식은 없소?"

"마침 그 이야기를 하려던 참이었소. 조금 전에 들어온 보고에 의하면, 캄덴 하우스 가의 비어 있는 집 정원에서 역시 깨진 채로 발견이 되었다고 합니다."

"그럼 그리로 가 봅시다."

홈스는 캄덴 하우스 가로 떠나기 전에 이 집의 거실과 창문 등 몇 가지를 자세히 둘러보았다. 그리고 집 주인 하커 씨에게 다가가 조심스럽게 물었다.

"지금 깨진 흉상이 발견된 곳으로 가려고 하는데 함께 가시겠어요?"

"사양하겠어요. 전 지금 우리 집에서 일어난 사건을 얼른 기사로 만들어 보고를 해야 해요. 지금쯤 다른 신문에 벌써 이번 사건의 대략적인 내용이 인쇄되고 있겠지요. 아, 왜 난 번번이 이런 훌륭한 기삿거리를 재빨리 신문에 올리지 못하는 걸까?"

하커 씨는 기자로서의 신분을 잊지 않고 사라진 흉상에는 별관심 없이 신문 기사를 쓰기 위해 서재로 올라가 버렸다.

나와 경감, 그리고 홈스는 하커 씨의 집으로부터 그리 멀지 않은 흉상이 발견된 곳으로 향했다.

"이게 범인이 깨뜨려 놓은 흉상 조각이로군."

"이번 사건에서 말로만 듣던 나폴레옹의 석고상이야."

홈스는 흉상 조각을 이리저리 돌려 가며 열심히 들여다보았다.

"무슨 단서라도 잡았나요?"

"지금 뭐라고 말할 단계는 아닙니다만 우선 두 가지는 확실합니다. 우선 첫 번째는 나폴레옹의 흉상은 범인에게는 매우 중요한 물건이라는 것과, 두 번째는 단지 흉상을 부수는 것만이 그의 목표가 아니라는 사실입니다. 범인이 흉상을 집 안이 아니라 굳이 멀리까지 들고 나와 부순다는 것이 그 이유입니다."

"그렇다면 여기까지 들고 온 이유는 빈집을 찾아서 온 것이겠군."

"아니, 그렇지 않소. 굳이 빈집을 찾는다면 이 집의 앞집 역시 빈집이었소. 범인이 찾은 곳은 가로등이 있는 근처라는 것이오."

"맞아, 버니커트 박사의 집 근처에서 발견된 흉상 역시 작은 불빛이 비치는 근처였어."

경감은 마치 사건의 일부가 풀리기라도 한 듯 맞장구를 쳤다. 하지만 홈스는 사건의 시작에 불과하다는 듯이 덤덤했다.

"레스트레드 경감, 앞으로 수사의 방향을 어떻게 잡아 나갈 것이오?"

"우선 죽은 사람의 신분을 알아봐야겠어요. 그리고 그 자의 주변 인물들을 조사한 뒤, 피트 가에서 무슨 일을 하고 다녔는지 알아본다면 어제 이 집을 침입한 범인의 윤곽이 잡힐 거라고 짐작합니다."

"좋은 방법이로군요."

경감은 홈스의 표정을 살핀 뒤, 궁금한 듯 물었다.

"물론 홈스 씨는 나와는 다른 쪽으로 수사 방향을 잡고 있겠죠?"

"하하하, 잘 알고 계시는군요. 난 아무래도 나폴레옹의 흉상에 대해 좀더 알아보는 게 좋을 것 같아요."

"그럼, 각각 다른 방향으로 이번 사건을 조사한 뒤 서로 도움을 줄 수 있도록 합시다."

홈스와 경감은 나중에 다시 만날 것을 약속한 뒤 헤어졌다. 마침 뒤돌아서려던 홈스가 갑자기 생각난 듯 경감을 불러 세웠다.

"잠깐, 지금 하커 씨 댁으로 가는 거면 내 말을 좀 전해 주시오."

"말씀하시오."

"홈스 역시 이번 사건을 나폴레옹을 지독히 저주하고 있는 미친 자의 소행이라고 생각한다고 말이오."

"넷? 그게 정말이오?"

레스트레드 경감은 놀라는 눈치였다. 이제까지 홈스가 주장하던 것과는 전연 딴판으로 아무렇지도 않게 말하고 있었기 때문이다.

"후후, 하커 씨 역시 그런 기사를 신문에 올리는 것이 훨씬 반응이 좋을 것이오. 경감, 그럼 오늘 저녁에 우리 집으로 오시오. 기다리고 있겠소."

홈스는 손을 들어 작별 인사를 하며 마지막으로 이렇게 덧붙였다.

"이 사진은 잠시 빌리도록 하겠소."

그는 시체의 겉옷 주머니에서 발견된 사진 한 장을 흔들어 보였다. 그리고 내게 얼른 가 볼 데가 있다고 걸음을 재촉했다.

우리는 하커 씨가 몇 달 전에 나폴레옹 흉상을 구입했다는 하이 가의 하딩 형제 상회로 찾아갔다.

"계십니까?"

"어서 오세요."

가게 문을 열고 들어선 우리를 반기는 사람은 젊은 종업원이었다.

"주인은 안 계십니까?"

"무슨 일이신가요?"

"아, 하딩 씨에게 뭔가 물어볼 말이 있어서 왔어요."

"죄송하지만 주인 어른은 오전에는 가게에 나오지 않아요. 늘 오후가 되어야 가게에 들르곤 하지요."

그러자 홈스의 얼굴은 실망한 빛이 역력했다.

"그렇군. 그럼 오후에 다시 들르기로 하죠."

간단히 인사를 한 뒤 가게에서 나온 홈스는 나에게 한 마디 던졌다.

"왓슨, 이대로 집으로 돌아갈 수는 없어. 분명 흉상에 대해 조사해 보면 이 사건을 해결하는 데 중요한 단서가 나올 거야. 자, 그럼 처음 사건이 일어났던 캐닝턴 가의 모스 허드슨 가게로 가 보세."

"자네의 궁금증을 풀려면 그렇게 해야 될 것 같군."

나는 홈스의 성격을 잘 알고 있는 터라 아무런 불평도 하지 않은 채 그와 함께 마차를 타고 허드슨 가게로 향했다. 모스 허드슨이라는 가게 주인은 뚱뚱한 몸과는 달리 성미가 매우 급한 편이었다.

"일전에 이 곳에서 있었던 흉상을 부순 난동에 대해 알고 싶은 게 있어 찾아왔습니다. 전 탐정 홈스이고, 이쪽은 왓슨 박사입니다."

"아, 그렇군요. 홈스 씨의 명성은 익히 들어 잘 알고 있어요. 하지만 우리 가게에서 일어난 일은 더 이상 말씀드릴 게 없는데……."

"그럼 몇 가지 묻겠습니다. 이 가게에 있던 나폴레옹 흉상은 모두 몇 개였나요?"

"세 개쯤……. 아니, 세 개가 틀림없어요. 두 개는 버니커트 박사에게 팔았고, 나머지 한 개는 우리 가게에 진열된 상태였으니까."

가게 주인 허드슨은 이야기가 길어지자 따분한지 연신 하품을 해댔다. 하지만 홈스는 가게 주인의 성의 없는 태도에 아랑곳하지 않았다.

"그 세 개의 나폴레옹 흉상은 어디에서 구입하셨나요?"

"휴, 그게 이번 일과 무슨 관련이 있나요?"

"아닙니다. 하찮은 사실이라도 사건 해결에 중요합니다. 바쁘신 줄 알지만 꼭 좀 알려주시기 바랍니다."

"스테푸니 구 처치 가에 있는 게르다 상회에서 사들인 것입니다. 게르다 상회는 도매상을 하는 곳으로 20년 가까이 될 정도로 신용 있는 곳이지요."

홈스와 가게 주인 허드슨이 이야기를 나누는 사이, 손님 몇 명이 들락거렸다. 홈스 역시 이제 그만 질문을 끝내려는지 주머니에서 사진 한 장을 꺼냈다.

"제 질문에 친절히 답해 주셔서 정말 고맙습니다. 그럼 마지막으로 이 사진을 좀 봐 주시겠어요?"

"아, 베포로군요."

"아는 사람인가요?"

가게 주인 허드슨의 대답에 홈스는 그에게로 바짝 다가갔다.

"알다마다요. 얼마 전까지 우리 가게에서 일을 거들던 사람인데요."

"어떤 일을 도왔나요?"

"음, 조각도 웬만큼 할 줄 알고, 액자의 색을 칠한다든지 상품을 진열하기도 하고 시간이 나면 청소도 했지요."

"이 사람이 가게를 그만둔 지는 얼마나 됐나요?"

그 때 다시 문을 열고 들어오는 손님에게 허드슨은 가벼운 인사를 하고 우리에게 싫은 내색을 비추었다.

"지난 주, 아마 흉상이 박살나기 이틀 전 정도인 것 같군요. 그 사람에 대해 알고 있는 것은 이게 다예요. 더 이상 아는 게 없어요."

"알겠습니다. 사건에 도움을 주셔서 감사합니다."

허드슨은 우리에게 인사를 하는 둥 마는 둥 가게의 물건을 둘러보던 손님에게 친절히 다가갔다.

"어때, 뭔가 짚이는 게 있나?"

"우선 피트 가의 하커 씨와 모스 허드슨 가게의 연결 고리로 베포가 있다는 사실을 알아낸 게 큰 성과야."

"그럼, 이제 어디로 갈 참인가?"

"분명 나폴레옹 흉상과 이 사건과는 무관하지 않아. 그럼 허드슨이 말한 게르다 도매상이 있는 처치 가로 가 볼까?"

한번 불을 뿜기 시작한 홈스의 추리력을 만족시키기 위해서는 사건 현장과 증거가 될 만한 곳을 직접 돌아다니며 봐야 한다는 것은 잘 알고 있는 터라, 나 역시 서둘러 그의 뒤를 쫓았다.

홈스와 나는 마차를 달려 런던 외곽 지역에 위치한 스테푸니 구를 찾았다. 도매상으로 널리 알려진 게르다 상회는 생각보다 훨씬 큰 공장이었다.

넓은 공터에서는 석공들이 부지런히 일을 하고 있었고, 공장 안에서는 꽤 많은 직공들이 석고상의 본을 뜨고 있었다.

"실례합니다만, 이 곳 책임자를 만나볼 수 있을까요?"

"사무실 안으로 들어가세요."

한 직공의 안내를 받아 공장 안 사무실로 들어간 홈스와 나는 곧 이 공장의 책임자를 만났다. 책임자는 꽤 큰 몸집의 독일인 지배인으로 친절한 사람이었다.

"이 곳에서 만들어진 나폴레옹 석고상에 대해 알고 싶습니다."

"혹시 우리 공장의 석고상에 무슨 문제라도 생겼나요?"

"아니, 그렇지 않습니다. 단지 이 곳에서 소매상으로 넘겨진 흉상을 일부러 찾아내어 부수려고 하는 사람이 있어서 그럽니다."

독일인 책임자는 고개를 갸우뚱거리며 믿을 수 없다는 표정이었다.

"그런 일이 있다니 믿기 어렵군요. 하지만 사건을 해결하는 데 도움이 된다면 어떤 질문이라도 성실히 대답해 드리겠소."

"우선 모스 허드슨 가게와 하딩 형제 상회로 간 나폴레옹의 석고상이 원래는 모두 몇 개가 만들어졌는지 알고 싶군요."

"물건이 팔려 나간 것은 일일이 기억할 수가 없습니다. 장부에 기록된 것을 봐야 할 것 같군요."

잠시 장부를 가지러 가기 위해 자리를 비웠던 책임자가 돌아왔다. 그는 한장 한장 꼼꼼히 장부를 살폈다.

"아, 여기 있군요. 우선 나폴레옹 흉상을 만든 틀에서는 수백 개가 만들어졌어요. 그 중 홈스 씨가 말씀하신 두 가게에 세 개씩 팔려 나갔군요. 즉, 여섯 개를 한 세트로 해서 반 세트씩 판 셈이군요."

"물건이 팔려 나간 날짜도 기록이 되어 있겠군요."

"예, 작년 6월 3일로 되어 있군요."

홈스는 내친 김에 석고상을 만드는 과정에 대해 물었다.

"우선 만들고자 하는 얼굴의 오른쪽과 왼쪽을 따로따로 만든 다음 그

것을 다시 이어 맞춥니다. 그리고 완성된 석고상은 작업실에서 복도로 내보내 충분히 말린 다음에 창고로 옮기게 되죠."

"가게로 넘길 때 석고상의 가격은 보통 얼마 정도 되죠?"

"보통 석고상 한 개당 6실링 정도 받습니다. 아마 소매상에서는 여기보다 두 배 정도 더 받을 겁니다."

알고자 했던 사실을 거의 들은 홈스는 마지막으로 베포의 사진을 독일인 책임자에게 내보였다.

"혹시 이 사람을 알고 있나요?"

그러자 이 공장의 책임자는 갑자기 화가 난 듯한 얼굴 표정을 지으며 소리를 질렀다.

"베포로군요. 우리 공장에서 일한 적이 있는 사람입니다. 아마 지금쯤 감옥에 있거나 출옥했거나 했을 텐데."

"무슨 죄를 지었나요?"

"일 년 전, 같은 이탈리아 인과 심하게 다툰 뒤 상대방을 칼로 찌른 뒤 우리 공장에서 숨어 지냈지요. 그러다가 얼마 가지 않아 결국 경찰들에게 체포되고 말았지만……. 베포가 일을 저지르기 전까지만 해도 우리 공장은 경찰이 들락거릴 만한 일은 전혀 없을 정도로 평판이 좋은 곳이었죠."

"그럼 베포라는 사람은 이 공장에서 골칫거리였겠군요?"

독일인 책임자는 홈스의 질문에 손을 내저었다.

"생긴 것과는 달리 일하는 솜씨는 훌륭했어요. 일은 썩 잘했어요."

"그럼 베포가 칼을 휘두른 사람은 어떻게 됐나요?"

"다행히 목숨을 구했어요. 그래서 베포도 아마 일 년 정도만 감옥 생활을 하게 됐지요. 그런 일이 있고 난 뒤 한 번도 공장을 찾아온 적은 없어요. 아, 베포가 지금쯤 어디 있는지 꼭 알고 싶다면 우리 공장에서 일하고 있는 그의 사촌을 찾아가 보면 될 겁니다."

하지만 홈스는 그만 됐다는 듯이 고개를 가로저었다.

"아니, 그러실 필요 없습니다. 이 사건은 비밀리에 조사해야 하기 때문에 친척들에게 알려지는 것은 좋지 않을 것 같군요. 그럼, 한 가지만 더 묻겠습니다. 베포가 경찰에 붙잡힌 날을 알고 계시나요?"

"그거야 마지막으로 임금을 지급한 날을 보면 알 수 있죠."

책임자는 다시 장부책을 펼쳐 들었다.

"여기 있군요. 5월 20일이 우리 공장에서 그에게 마지막으로 임금을 지불한 날입니다."

"지금까지 친절하게 대답해 주셔서 정말 고맙습니다. 저희들이 다녀간 사실은 다른 사람들에게는 비밀로 해 주셨으면 합니다."

"부탁하신 대로 하지요."

홈스와 나는 공장을 나와 간단히 식사를 하기 위해 식당에 들어갔다. 홈스는 식당 종업원에게 오늘 신문 몇 개를 구해 달라고 부탁했다.

"여기, 말씀하신 신문입니다."

"아, 고맙소. 그리고 시간이 없으니 식사는 간단한 걸로 주시오."

"알겠습니다."

홈스는 종업원이 주고 간 신문을 급히 펼쳐 들었다.

〈켄징턴에서 근래 보기 드문 살인 사건 발생!〉

이렇게 신문의 일면을 장식한 기사는 다름 아닌 집 주인 호레이스 하커 씨가 쓴 내용이었다. 홈스는 기사 내용을 읽어 내려가며 만족스런 표정을 지었다.

"왓슨, 여길 좀 읽어 보게."

그가 내민 신문 기사의 주요 내용은 다음과 같았다.

런던 경시청의 유명한 레스트레드 경감과 더불어 명탐정으로 널리 알려진 홈스 씨는 이번 사건을 정신병자의 짓으로 파악하고 있다.

이 살인 사건은 미리 계획된 범행이 아니라 편집증 증세를 가진 미친 사람의 짓으로밖에 볼 수 없다고 입을 모았다. 그리고……

홈스가 경감에게 부탁한 그대로 신문에 실린 것이었다.

"신문이란 잘만 이용하면 범죄 해결에 큰 공을 세울 수도 있지. 이 기사 내용을 범인이 본다면 안심을 할 걸세. 나 역시 그걸 노린 것이고 말이야. 자, 이제 켄징턴 구의 하이 가로 가서 하딩 씨를 만나보세."

"하던 식사나 마저 하고 일어나세."

하딩 상회의 주인인 하딩은 몹시 쾌활한 사나이였다.

"맞습니다. 게르다 도매상으로부터 나폴레옹 흉상 세 개를 사들였죠. 한 개는 분명 피트 가에 있는 하커 씨에게 팔았어요."

"하커 씨 집에서 살인 사건이 일어났다는 것도 아시고 계신가요?"

"신문 기사를 보고 알게 됐어요."

"나머지 두 개의 흉상은 아직 가게에 있나요?"

홈스는 이 가게에 들어설 때 이미 가게 안을 둘러보았으나 흉상을 발견할 수 없었기에 주인에게 물어보았다.

"아뇨. 이 가게에 남아 있는 흉상은 없어요. 잠깐 기다리세요. 장부를 보고 알려드릴 테니까."

주인은 안으로 들어가서 장부를 들고 나왔다.

"흠, 레버넘 연립 주택의 브라운 씨에게 하나를 팔았고, 또 한 개는 글로브 가의 샌드포드 씨에게 판 걸로 되어 있군요."

"이 사진 속 사람을 보신 적이 있나요?"

"어디 보자, 이런 사람이라면 한 번 보고 절대 잊어버릴 수 없겠군요. 생김새가 워낙 특이한걸요."

"아시겠습니까?"

"아니오, 난 이탈리아 사람을 점원으로 쓴 적이 없어요."

홈스는 하딩의 말에 고개를 끄덕였다.

"왓슨, 이제 그만 집으로 돌아가 봐야겠어. 어쩌면 레스트레드 경감과의 약속 시간에 늦을지도 모르겠군."

"그럼 이제 조사는 끝난 건가?"

"대충 끝난 것 같네."

홈스와 나는 하딩 상회를 나와 서둘러 집으로 향했다. 집으로 돌아오는 마차에서 나는 슬며시 물었다.

"어때, 이번 사건이 잘 해결될 것 같나?"

"글쎄. 아직은 뭐라고 말할 단계가 아니야."

나는 궁금함을 참지 못하고 물었으나 홈스는 더 이상 아무 말도 해주지 않았다. 집에 돌아와 보니 레스트레드 경감이 벌써부터 와서 기다리고 있었다.

"이거 참, 미안하게 됐습니다. 손님을 기다리게 했으니."

"매우 바쁘셨나 보군요. 뭘 좀 알아낸 게 있나요?"

"나폴레옹 흉상을 판 가게 두 군데와 그 흉상을 제조한 도매상까지 들러봤으니 오늘 하루 눈코 뜰 새 없이 바빴다고 할 수 있겠죠."

그러자 레스트레드 경감은 조금은 냉소를 섞은 말투로 대답했다.

"아니, 아직도 그 흉상에 매달려 있나요?"

"호, 경감은 대단한 걸 알아낸 모양인데, 궁금하군요."

"드디어 하커 씨 댁에서 죽은 사람의 신원을 알아냈어요."

나 역시 경감의 뜻하지 않은 성과에 귀를 기울였다.

"먼저 경시청에 연락을 해서 살해당한 사람의 신원을 확인하는 작업에 들어갔는데, 마침 이탈리아 악당들을 담당하는 힐 경감이 대번에 이 자를 알아봤어요."

"어떤 사람인가요?"

"피에트로 베느치라는 이름의 마피아 단의 한 사람으로 이미 경찰에서 쫓고 있는 인물이지요. 다 아시다시피 마피아 단원은 어떤 명령이라도 어기는 일이 있으면 가차없이 죽여버린다는 사실을 잘 알고 있겠지요?"

"그렇다면 베느치의 주머니에 있던 사진의 인물이 무슨 잘못을 저지른 모양이군요."

"그렇죠. 베느치는 사진 속의 사람을 죽이기 위해 그를 뒤쫓다가 마침 하커 씨의 집으로 들어가는 그를 발견하고 밖에서 기다리고 있었죠. 그런데 일이 우습게 되어 오히려 베느치란 자가 죽음을 당하게 된 거죠."

설명을 끝낸 경감은 아주 자랑스러운 표정으로 우리를 바라보았다.

"어떻습니까? 이 정도면 내 추리가 이번 사건과 딱 들어맞는다고 생각하는데."

"좋아요, 하지만 범인이 훔쳐 내온 나폴레옹 흉상에 대해서는 어떻게 설명하려고 하나요?"

경감은 잠깐 난처한 표정을 짓더니 이내 표정을 고쳐 짓고 대답했다.

"그건 범인이 우리를 혼란스럽게 만들려고 한 것일 뿐입니다. 가게에서 박살낸 흉상이나 집 안에 들어가 훔쳐 내온 흉상에 대한 죄를 굳이 묻자면 작은 절도죄에 지나지 않습니다. 흉상에 그렇게 신경을 쓰지 않아도 됩니다. 우리가 맡은 중요한 사건은 사람을 해친 살인 사건일 뿐입니다."

"전 오늘 당신과 함께 레버넘 연립 주택으로 사진 속 사나이를 잡으러 가려고 계획을 세워 두었는데 같이 가시지 않겠어요?"

"넷? 사진 속 사나이를 잡으러 간다고요?"

사실 레스트레드 경감은 오늘 밤 이탈리아 인들이 주로 몰려 있는 거리로 가 범인을 찾기로 힐 경감과 약속을 해 두었다. 하지만 홈스가 자신 있게 범인이 나타나는 장소까지 말하자 마음이 흔들렸다.

"확실합니까?"

"물론이오. 오늘 밤 나와 함께 동행을 하기로 하고 일이 제대로 되지 않으면 내일 당신과 함께 이탈리아 인들이 몰려 사는 곳으로 갑시다."

"좋소. 그럼 몇 시에 출발할 예정이오?"

"범인은 틀림없이 어두컴컴한 밤을 이용할 것이므로 우리는 이 곳에서 11시쯤 출발하기로 합시다."

경감은 이 곳에서 아예 있다가 우리와 함께 출발하기로 했다.

"왓슨, 급히 전해야 할 편지가 있으니 심부름꾼을 한 명 불러 주게."

"알았네."

잠시 후, 도착한 심부름꾼에게 레버넘 연립 주택으로 가는 편지 한 장을 오늘 밤 안으로 전달해 달라고 부탁했다.

"꼭 오늘 밤 안으로 주인에게 전해 주게."

"걱정 마십시오."

심부름꾼이 편지와 심부름 값을 받아 쥐고 나가자, 홈스는 다시 무언가 찾아봐야 할 것이 있다면서 방 안에 틀어박혔다.

레스트레드 경감은 졸음이 몰려오는지 곧 코를 골며 곯아떨어졌다. 나는 늦은 시간까지 홈스가 일하는 것이 안쓰러워 차 한 잔을 준비하여 그의 방으로 들어갔다.

"홈스, 조금 있으면 출발할 시간인데 그만 눈 좀 붙이게."

"휴, 이제 거의 끝났어."

홈스의 방은 오래 전의 신문들로 가득 차 있었다.

'레버넘 연립 주택의 브라운 씨 댁으로 출발하려는 까닭도 아마 흉상 때문일 거야. 분명 범인이 남아 있는 흉상 두 개 중 하나를 다시 찾으러 온다고 생각하고 잠복을 하려는 게 틀림없어. 하커 씨의 신문에도 사실과는 다른 수사 방향을 싣게 하여 범인이 안심하게 하려는 것 역시 같은 생각에서였을 거야.'

내 생각을 홈스에게 확인하고 싶었지만 홈스의 표정이 심상치 않음을 깨닫고 그만 입을 다물어 버렸다.

"자, 이제 출발할 시간이 거의 다 됐군."

"그럼 경감을 깨워야겠군."

"그 전에 자네도 권총 정도는 준비를 해 두도록 하게. 오늘 밤 무슨 일이 일어날지도 모르니까."

11시가 되자 우리를 태워 갈 마차가 도착했다.

"자, 어서 마차에 타도록 하세."

우리 셋은 차가운 밤 공기를 마시며 서둘러 마차에 올랐다. 마차가 출발하여 어느덧 다리를 건너자 홈스는 곧 마부에게 소리쳤다.

"여기서 세워 주시오."

"아직 말씀하신 곳에 가려면 조금 더 가야 합니다."

"알고 있소. 우리는 여기에서 내려 걸어갈 테니, 일을 마치고 다시 돌아올 때까지 여기서 기다리시오."

곧 마차가 서고, 우리는 그 곳에 내려 주택가로 들어섰다. 한 건물에 레버넘 연립 주택이라고 쓰인 문패가 보였다.

"저기로군."

"그럼 이제 어떻게 해야 하지?"

주변은 이미 칠흑같이 어두워져 있었고, 건물 안은 모두 불이 꺼진 상태였다.

"저쪽이 좋겠군. 도로 쪽에 있는 담으로 갑시다."

우리들은 범인의 동태도 살피고 우리 몸도 숨길 만한 곳을 찾았다. 담 안쪽에 몸을 낮추어 웅크리며 언제 올지도 모르는 범인을 기다렸다.

"앞으로 얼마나 더 기다려야 할지 모르니 힘이 좀 들 거야."

"올지 안 올지도 모르는 범인이라……. 이거 좀 심한데. 게다가 담배 조차 피울 수 없으니 말이야."

"분명 범인은 올 거야."

홈스는 그런 걱정은 안 해도 된다는 듯이 확실하게 대답했다. 그리고 우리들의 잠복은 그리 오래지 않아 끝이 났다.

"저기……."

"왜, 뭔가 보이는 게 있나?"

홈스는 손가락을 들어 레버넘 연립 주택의 한 곳을 가리켰다. 웬 사람의 그림자가 제법 날쌔게 주택의 공동 현관을 열고 안으로 들어가는 것이 보였다. 그리고 잠시 후 창문을 여는 소리가 어렴풋이 들려왔다.

"저길 좀 봐요, 조금 전 집 안으로 들어간 사나이의 전등 불빛 같은데. 불빛이 이 방에서 저 방으로 희미하게 흘러나오고 있군요."

경감의 말대로 집 안의 커튼 밖으로 불빛이 간간이 비치었다.

"자, 준비하고 있어요. 곧 범인이 밖으로 나올 테니."

홈스의 말대로 나는 외투 주머니에 넣어 두었던 권총을 만지작거렸다. 만약 무슨 일이 생기면 가차없이 총을 쏠 준비를 했다.

"아, 조금 전에 들어갔던 창문으로 다시 나오고 있어. 가만, 조금 전보다 움직임이 둔할 걸 보니 손에 뭔가 들려 있는 것 같군."

“맞아요. 꽤 큰 물건을 안고 있어요.”

연립 주택에서 나온 사나이는 곧 우리들이 숨어 있는 담 근처로 다가왔다. 우리가 그 밑에 숨어 있는 줄은 꿈에도 모르고 말이다.

“탁!”

사나이는 집 안에서 들고 나왔던 물건을 사정없이 땅바닥에 내동댕이쳤다. 그 순간 우리는 그 사나이의 등뒤로 살며시 다가갔다. 그 때까지도 사나이는 깨진 석고상의 조각을 이리저리 헤치며 무얼 찾느라 정신이 팔려 있었다.

“덤벼!”

홈스의 신호에 따라 경감과 나는 재빨리 사나이를 뒤에서 붙들었다. 양쪽 팔을 하나씩 우리에게 붙잡힌 사나이는 순식간의 일이라 저항할 사이도 없었다.

"일어나!"

우리는 사나이를 잡아 일으켰다. 불빛 아래에 나타난 사나이는 다름 아닌 하커 씨의 집에서 발견된 사진 속 인물인 베포였다. 그는 얼굴을 일그러뜨리며 우리를 무섭게 쏘아보고 있었다.

레스트레드 경감은 범인이 더 이상 반항하지 못하도록 수갑을 단단히 채웠다. 그 때 홈스는 붙잡힌 범인에게는 별로 관심이 없는 듯 불빛에 드러난 깨진 석고상을 자세히 들여다보고 있었다.

"음, 여긴 없는 것 같군."

홈스는 혼잣말로 중얼거렸다. 그 때 레버넘 연립 주택의 불이 켜지며 작달만한 키에 뚱뚱한 몸을 가진 한 사람이 뛰어나왔다.

"아, 편지의 내용이 사실이었군요."

"무슨 소리입니까?"

"이 주택에 살고 있는 브라운이라고 합니다. 어제 홈스 씨로부터 한밤중에 낯선 사나이의 방문을 받게 될 테니 놀라지 말라는 편지를 받았어요. 더욱이 그 사나이는 단지 나폴레옹 흉상만을 노리는 것일 뿐이니 섣불리 대항하지 말라는 주의와 함께 말입니다."

나는 홈스가 심부름꾼에게 편지를 부탁한 일이 기억났다.

"저 분이 홈스 씨로군요. 이 깊은 밤중에 범인을 잡느라 수고가 많았으니 어서 저의 집으로 가서 따뜻한 차라도 한 잔 하세요."

"성의는 고맙지만 저희들은 범인을 호송하여 돌아가 봐야 합니다."

레스트레드 경감은 이번 사건의 범인을 잡은 것이 대단히 흥분되어 서둘러 경시청으로 돌아가고 싶어했다.

곧 범인과 함께 다리 근처에 대기해 두었던 마차를 타고 경시청으로 향했다. 우리에게 잡힌 범인은 입을 꾹 다문 채 고개를 수그렸다.

'한 마디 말도 하지 않고 있지만, 우리를 쏘아보는 저 눈은 굉장히 사나운걸.'

마차 안에서 나는 내내 섬뜩한 기분이 들었다.

"어서 내려!"

경감은 경시청에 다다르자 범인에게 소리를 버럭 질렀다. 하지만 범인은 아무렇지도 않은 듯 순순히 따랐다. 홈스와 나는 조사계의 밖에서 기다렸다.

잠시 후 나타난 경감은, 범인의 몸을 수색한 결과 몇 푼의 돈과 피 묻은 자루, 칼 한 자루가 나왔다고 전했다.

"지금 범인은 입을 다물고 있지만 곧 이번 사건의 모든 게 밝혀질 겁니다. 곧 이탈리아 인들을 전문으로 담당하고 있는 힐 경감이 범인을 신문할 테니까요. 그런데 한 가지 궁금한 점이 있어요."

"무얼 알고 싶으신 건가요?"

"어떻게 이놈이 레버넘 연립 주택에 나타난다는 걸 알았죠?"

"그 이유를 알고 싶다면 내일 6시에 우리 집으로 와 주세요. 그 전에 확인해 봐야 할 일도 있고 하니 그 때 자세히 말씀드리겠소."

"좋아요. 그럼 나중에 다시 뵙죠."

홈스는 나를 돌아보며 집으로 가자고 눈짓을 했다. 집으로 돌아오는 길에 그는 내게 가볍게 말을 건넸다.

"이제 사건은 거의 끝난 것 같아. 이번 사건이 마무리되면 이번 일을 책으로 써도 좋을 것 같네. 아주 흥미롭거든."

레스트레드 경감은 홈스와 약속한 6시 정각에 집으로 찾아왔다.

"어서 오시오."

"드디어 사진 속 인물의 신분이 밝혀졌소."

"아, 그거 잘됐군요. 어디 자리에 앉아 자세히 들려주시오."

경감은 자신이 알아낸 사실을 자세히 말했다.

"범인의 이름은 베포라는 자로서 본래 직업은 흉상을 조각하던 사람이었소. 처음에는 순한 사람이었지만 질이 좋지 않은 친구들과 어울리면서 악의 길로 들어섰다는군요. 처음엔 남의 물건을 훔친 죄로 감옥에 다녀왔고, 다시 같은 이탈리아 인을 칼로 찔러 일 년 정도 감옥살이를 했소."

"그럼 나폴레옹의 흉상과는 어느 정도 관련이 있었겠군요?"

"게르다 상회에서 일한 적도 있다고 하니 그 당시 자신이 만든 흉상이 바로 나폴레옹의 석고상이 아닌가 추측하고 있소. 하지만 왜 일일이 나폴레옹의 석고상을 찾아다니며 박살을 냈는지에 대해서는 아무런 대답도 하지 않아요. 게다가 살인을 저지른 정확한 이유에 대해서도 마찬가지로 입을 다물고 있어요."

홈스와 나는 이미 이런 사실 정도는 잘 알고 있었다. 하지만 홈스는 모르는 척 경감의 이야기를 들었다.

경감의 이야기가 끝나갈 무렵, 초인종이 울렸다.

"딩동!"

"드디어 왔군."

홈스는 누군가가 올 것이라는 것을 짐작하고 있었는지 자리에서 벌떡 일어섰다. 그의 얼굴은 빨갛게 상기되어 있었다.

문이 열리고 방 안에 들어선 사람은 나이가 지긋한 중년의 사나이로 몸가짐이 매우 신사다웠다.

"이 곳이 홈스 씨가 계신 곳이 맞나요?"

"기다리고 있었습니다. 안으로 들어오세요."

방문자는 자신을 글로브 가에 살고 있는 샌드포드라고 소개했다. 그리고 경감과 내가 지켜보는 가운데 편지 한 장과 들고 온 꽤 큰 가방을 탁자에 올려놓았다.

"여기 보내 주신 편지대로 나폴레옹 흉상을 가져왔습니다만……."

홈스는, 무슨 일인지 몰라 어리둥절해 있는 나와 경감을 위해 간단히 자신이 쓴 편지 내용을 알려주었다.

"샌드포드 씨에게, 가지고 계신 나폴레옹 석고상을 내게 판다면 10파운드의 돈을 드리겠다고 편지를 보냈어요."

"그 편지의 내용이 사실입니까?"

샌드포드 씨는 의심스런 눈길로 물었다.

"물론입니다."

"홈스 씨의 편지를 받아 본 순간, 어떻게 내가 석고상을 가지고 있다는 것을 알았을까 몹시 궁금했습니다."

"아, 그러셨군요. 하딩 상회에서 가지고 있던 마지막 나폴레옹 석고상을 당신에게 팔았다는 것을 알려주었습니다."

이 곳을 찾아온 샌드포드 씨는 홈스가 주겠다던 석고상의 가격에 대해 이해가 가지 않는다는 눈치였다.

"혹시 석고상의 가격이 얼마 정도 하는지 알고 계십니까?"

"정확히는 모릅니다."

"그럼 제가 말씀 드리지요. 전 이 석고상을 하딩 상회로부터 구입했을 때 12실링(1파운드는 20실링)을 주고 샀습니다. 그런데 홈스 씨가 제시한 가격은 원래 가격보다 열 배가 훨씬 넘는 10파운드입니다."

하지만 홈스는 샌드포드 씨의 정직한 말에 그리 놀라워하지 않았다.

"아직도 제 마음은 변함이 없어요. 편지의 내용대로 제가 드리겠다는 그 가격에 물건을 넘겨 주시겠소?"

"그렇다면 좋을 대로 하십시오. 나로서도 손해 보는 일은 아니니까."

샌드포드는 가지고 왔던 가방을 열어 나폴레옹 흉상을 꺼냈다.

"흠, 이거로군."

경감과 나는 새삼 입에서 저절로 감탄이 흘러나왔다. 이제까지 박살난 흉상만 보다가 비로소 제대로 된 나폴레옹의 흉상을 보았기 때문이었다. 홈스는 먼저 10파운드의 돈을 꺼내 샌드포드에게 건네 주었다.

"이제 이 흉상은 제 것입니다."

"당연합니다."

샌드포드는 받아 쥔 돈을 세며 무척 좋아했다. 그가 흡족한 얼굴로 돌아가자 홈스는 마치 의식을 치르듯 하얀 식탁보를 준비했다.

"뭘 하려고 하는 건가?"

"쉿, 조용히!"

나와 경감은 홈스의 괴이한 행동을 아무 말도 못하고 바라다보았다. 그는 식탁보 위에 방금 돈을 주고 산 나폴레옹 흉상을 내려놓았다.

"에잇!"

홈스는 손에 든 사냥용 채찍을 있는 힘껏 흉상을 향해 내리쳤다.

"쨍그랑!"

흉상은 단번에 박살이 나고 말았다. 산산이 조각난 흉상을 홈스는 눈을 번득이며 샅샅이 훑고 있었다.

"아니, 도대체 왜 멀쩡한 흉상을 깨뜨리는 건가?"

홈스는 내 말은 들은 척도 하지 않고 여전히 흉상의 조각만 열심히 들여다보고 있었다. 갑자기 그가 환호성을 질렀다.

"찾았다!"

경감은 무슨 일인가 싶어 목을 빼어 홈스의 두 손을 쳐다보았다. 그의 한 손에는 검은 물체가 박혀 있는 한 조각이 들려 있었다.

"자, 여길 좀 봐 주시오. 이것이 바로 그 유명한 보르지아 가문의 흑진주입니다."

"와! 그게 정말인가?"

"어디 나도 좀 보여주게."

나와 경감은 믿어지지 않는다는 듯이 홈스가 발견한 보석을 보려고 가까이 다가갔다.

"자네 정말 대단한 일을 해냈군."

"정말 아름다운 보석이야."

우리의 감탄 소리에 홈스는 어린애처럼 양 볼이 빨개졌다. 냉철하고 논리적인 홈스도 가까운 친구들의 진심어린 축하에 마냥 기뻐했다.

"이 흑진주는 세계 여러 보석 애호가들이 침을 흘릴 만큼 그 값어치가 돈으로 따질 수 없는 것입니다. 이것은 이탈리아 귀족 콜로나 공작이 묵었던 데카 호텔에서 없어진 것으로, 게르다 상회에서 만들어진 여섯 개의 나폴레옹 흉상 속에 숨겨져 있던 것을 오늘 비로소 찾아낸 것입니다."

"나도 저 흑진주가 없어졌을 당시를 기억하고 있소."

레스트레드 경감은 이제야 보르지아 가문의 흑진주 소동을 기억해 낼 수 있었다.

"흑진주를 훔쳐 간 범인으로는 콜로나 공작 부인의 시녀인 르클레차 베느치가 그녀의 오빠와 짜고 했을 거라 추측했었죠. 시녀의 오빠는 피에트로로, 얼마 전 하커 씨 댁에서 살해된 사람입니다. 그런데 중요한 것은 흑진주를 가지고 있었던 사람은 다름 아닌 베포였어요. 그가 베느치 남매와 함께 공모를 한 것인지 아니면 그 남매에게서 훔쳐낸 것인지는 알 수가 없지만 말입니다."

"그럼 베포가 가지고 있던 흑진주가 어째서 저 흉상에서 나왔나요?"

"베포는 친구를 칼로 찌르고는 자신이 일하던 공장으로 숨어 들어갔어요. 경찰에게 쫓기는 몸이 된 그는 서둘러 가지고 있던 보석을 어딘가에 숨겨 두어야 했는데, 마땅한 장소가 없었죠."

"아, 이제야 알겠군. 베포가 저 흑진주를 여섯 개의 나폴레옹 흉상 중 하나에 숨겨 넣었던 거로군."

홈스는 고개를 끄덕였다.

"마침 복도에서 말리고 있던 나폴레옹 흉상 6개 중 한 개에 구멍을 뚫고 흑진주를 넣은 다음 솜씨를 발휘하여 원래대로 만들어 놓았던 거죠. 그 뒤로 결국 경찰에 붙잡힌 베포는 일 년 형을 선고받고 감옥살이를 하게 되었고, 여섯 개의 흉상은 각각 다른 사람에게로 팔려 나가게 된 겁니다."

"그 여섯 개의 흉상 중에 어디에 흑진주가 숨어 있는지 알 수가 없었겠군."

나는 왜 베포가 나폴레옹의 흉상에 매달렸는지 이제야 알 수 있었다.

"감옥에서 나온 베포는 이 사실을 알고 게르다 상회의 사촌을 찾아가서 흉상을 사들인 소매상을 알아냈죠. 그런 다음, 먼저 모스 허드슨 가게에서 종업원으로 일을 시작한 거죠. 흉상을 사간 사람들의 주소를 알아낸 베포는 가게에 남아 있던 한 개의 흉상과 버니커트 박사가 사 가지고 간 흉상을 훔쳐냈으나 흑진주는 나오지 않았어요."

"무척 초조한 심정이었겠군."

"하지만 베포는 그대로 물러서지 않았어요. 다시 하딩 형제 상회의 점원을 통해 세 개의 흉상을 사간 사람들에 대해서도 알아냈어요."

"피트 가에 있는 하커의 집이 표적이 되었겠군."

내 말에 홈스는 맞았다고 대답을 했다.

"그런데 여기서 뜻하지 않은 사건이 벌어졌어요. 바로 처음에 흑진주를 가지고 있었던, 공작 부인의 시녀였던 르클레차의 오빠 피에트로

와 마주친 거예요. 피에트로는 그전부터 베포의 뒤를 쫓고 있었지요."

"그런데 피에트로는 왜 잘 아는 사이인 베포의 사진을 옷에 넣고 다녔을까?"

"그건 베포가 있는 곳을 알아내기 위해 사람들에게 묻기 위한 것이었죠. 베포는 피에트로와 격투를 벌인 끝에 그를 찔러 죽이고 말았죠. 결국 우연치 않은 살인 사건으로 베포는 잠시 마음이 흔들렸죠."

나는 홈스가 하커 씨를 통해 신문지상에 이번 살인 사건은 정신병자의 짓이라는 기사를 쓰도록 한 사실이 생각났다.

"맞아, 거짓 신문 기사를 쓰도록 한 것도 범인을 안심시키려는 내 의도였어. 살인 사건이 난 뒤로 범인이 몸을 숨긴다면, 모든 일이 허사가 될지도 모르는 일이었어. 베포는 서둘러 일을 끝내기로 마음을 잡고 다시 남은 두 개의 흉상을 향해 일을 저질렀지."

"그럼 자네가 범인이 흉상에 관심을 가지고 있다고 생각한 특별한 이유라도 있었나?"

"범인은 늘 불빛이 있는 곳에서 흉상을 깨뜨렸다는 점이 그 이유였어. 그건 흉상 안에서 무언가를 찾기 위한 것은 아닌가 하는 생각을 갖게 해 주었어."

범인이 브라운 씨 댁에 나타날 것이라는 홈스의 말에 따라 밤 11시에 떠나기 전 홈스가 열심히 오래된 신문을 뒤적이던 모습이 떠올랐다.

"혹시 자네는 브라운 씨 댁으로 가기 전에 흉상 안에 혹시 저 유명한 흑진주가 들어 있을지도 모른다는 생각을 하지 않았나?"

"자네도 이제 거의 탐정이 다 된 것 같군. 그보다 먼저 살해된 사람이 피에트로 베누치라고 밝혀진 다음 나는 예전의 신문 기사를 조사해 본 것이네."

내 말에 홈스는 미소를 지어 보이며 말을 이었다..

"그 뒤에 남은 두 개의 흉상 중에서 런던 시내에서 가까운 곳부터 배포가 일을 저지를 것이라 생각하고 브라운 씨에게 먼저 연락을 해 두고 집 근처에 자네들과 잠복한 것일세."

"하지만 브라운 씨가 소유하고 있던 흉상에서도 보석이 발견되지 않자, 자네는 마지막으로 샌드포드 씨에게 연락을 해서 저 흉상을 산 것이로군."

"그렇지. 저 흉상에서 보석이 나올 것은 당연했으니까."

경감은 다시 한 번 홈스의 대단한 추리력에 감탄할 뿐이었다.

"이번 사건도 당신 덕택에 마침내 해결이 되었군요. 경시청을 대표하여 먼저 감사의 말을 드리겠소. 당신에게 곧 상이 내려질 거예요."

"아니, 난 상을 받지 않겠어요. 그런 걸 별로 즐기지 않으니까. 왓슨 박사가 책으로 내 이야기를 만들어 사람들이 흥미롭게 읽어 준다면 그것으로 만족하오."

홈스는 경감의 호의에 손을 내저으며 미소를 지었다.

벌스턴 성의 괴변

홈스는 읽던 신문을 탁자에 내려놓으면서 기지개를 켰다.

"아, 따분하군."

"5분쯤 뒤엔 그런 말이 나오지 않을 걸세."

"그게 무슨 소린가? 사건이라도 들어온 건가?"

내 말에 홈스는 자리에서 벌떡 일어섰다. 그 순간 현관의 벨이 울리고, 편지 한 통을 들고 심부름하는 아이가 나타났다. 나는 현관 가까이서 있다가 누군가가 뛰어오는 소리를 들었던 것이다. 홈스는 재빨리 편지를 펼쳐 들고 읽어 내려갔다.

"이게 무슨 뜻일까?"

"어디서 온 편지인데 그렇게 고심하고 있나?"

"몰리어티 박사의 일을 돕고 있는 포록이란 자가 보낸 것일세."

언젠가 홈스가 몰리어티 박사의 이중성에 대해 말해 준 적이 있었다. 몰리어티 박사는 유명한 범죄 단체를 위해 뒤에서 일해 주고 그 대가를 톡톡히 받는다고 했다.

"그런데 포록이란 부하가 왜 자네에게 편지를 보내왔나?"

"언젠가 내게 신세를 진 일이 있었거든. 그 뒤로 은밀한 정보가 있으면 박사 몰래 내게 알려 오곤 하지."

"조금 전 온 편지에는 뭐라고 적혀 있나?"

"벌스턴 성에 살고 있는 더글러스 씨가 위험하다는 내용일세."

나는 지도를 펼쳐 놓고 벌스턴이라는 곳을 찾아보았다.

"벌스턴이라면 서섹스 주 북부에 있는 작은 마을이야. 기차로 출발한다면 아마 한 시간쯤 걸리는 거리에 있어."

그 때 우리를 찾아온 또 한 사람이 있었다.

"딩동!"

들어오라는 홈스의 대꾸에 문을 열고 들어선 사람은 경시청에서 근무하고 있는 맥도널드 경감이었다.

"오랜만이오. 어서 이리로 앉으시오."

"휴!"

맥도널드 경감은 자리에 앉자 깊은 한숨을 내쉬었다. 그러다가 책상 위에 펼쳐 놓은 편지와 지도를 보고 깜짝 놀랐다.

"이런……. 이 내용들을 어떻게 벌써 알았죠?"

"혹시 당신이 맡은 사건과 이 내용들이 관련이 있나요?"

"그렇소. 어젯밤 벌스턴 성에 살고 있는 더글러스 씨가 죽은 채로 발견되었소."

"그럴 수가……."

그 순간 나는 깜짝 놀라고 말았다. 하지만 홈스는 이미 짐작하고 있었다는 듯 태연한 표정이었다.

"이번 사건은 어떻게 맡게 되었나요?"

"오늘 아침 서섹스 경찰서에 있는 화이트 메이슨 경감으로부터 연락을 받았소. 어젯밤 늦게 벌스턴 성에 있는 더글러스 씨의 사건 현장을 다녀왔는데 시체의 얼굴을 알아볼 수 없을 정도로 엉망으로 만들어 놓았다는군. 도무지 알 수 없는 사건인지라 나에게 도움을 청한다는 편지였소. 추신란에 홈스와 왓슨도 함께 와 달라고 덧붙였소."

홈스는 나를 한 번 바라보고 맥도널드 경감을 향해 고개를 끄덕였다.

"자, 그럼 당장 벌스턴으로 출발합시다."

기차를 탄 우리는 곧 벌스턴으로 향했다. 역 앞에 마중을 나온 화이트 메이슨 경감은 우리 일행을 마을에서 가까운 호텔로 안내했다.

"오시느라 수고하셨어요."

"메이슨 경감, 먼저 사건 이야기를 듣고 싶소."

홈스는 일단 일을 시작한 뒤엔 뒤로 미루는 법이 없을 정도로 적극적이었다.

"좋아요, 말씀 드리죠. 이 곳은 보시다시피 아담한 마을로 벌스턴 성은 이 마을의 구경거리라고 할 수 있어요. 이 성은 12미터 정도의 높이로 된, 물가에 세워진 것으로, 성으로 들어가려면 성 쪽에서 내려진 다리를 건너야만 합니다. 밤이 되면 다리가 끌어올려지고 그러면 마을과는 완전히 동떨어진 곳이 되고 맙니다."

"더글러스 씨가 그 성에 살고 있은 지는 얼마나 되었나요?"

"5년 정도 됩니다."

나는 어떻게 생긴 사람인지 몹시 궁금했다. 화이트 메이슨 경감은 친절하게 내 물음에 대답해 주었다.

"키는 큰 편이고 나이는 쉰 살 정도에 백발 수염을 기르고 있어요. 마을 사람들과는 제법 친하게 지냈으며, 젊은 시절에는 금광을 찾으러 다니기도 했다는군요."

"가족들과 가까이 지내는 사람들에 대해서 아시는 게 있나요?"

"더글러스 씨의 부인이 유일한 가족이고, 친한 친구로는 제임스 베이커 씨가 있어요. 두 번째 부인인 이 성의 안주인은 무척 아름다운 분으로 남편과는 사이가 좋았다고 합니다."

"제임스 베이커 씨에 대해서는 알려진 게 없나요?"

"그는 젊은 시절부터 더글러스와 가까이 지낸 오랜 친구로 벌스턴 성을 찾아올 때면 열흘 정도 머물렀고, 그럴 때면 더글러스 부인과도 다정하게 시간을 보내곤 하는 것이 사람들 눈에 띄곤 했답니다. 이번 사건을 맨 처음 경찰에 알려온 것도 제임스 베이커였어요."

그 순간 맥도널드 경감의 눈빛이 예사롭지 않았다.

"흠, 남편의 친구와 다정한 사이라?"

하지만 홈스는 그 문제에 크게 관심을 가지는 것 같지 않았다.

"두 사람 외에 그 성에 살고 있는 사람은 몇 명 정도 됩니까?"

"집사 에임스와 모든 가사를 책임지고 있는 앨런 부인이 있고, 그 외에 하인들이 6명 정도 살고 있어요."

"자, 그럼 그 날 있었던 사건의 상황을 그대로 들려주시겠소?"

벌스턴 마을을 담당하고 있는 윌슨 경사는 다급하게 파출소로 뛰어드는 한 신사를 보았다.

"사람이, 사람이 죽었어요! 벌스턴 저택의 주인인 더글러스 씨가 살해되었어요!"

급히 신고를 한 제임스 베이커와 함께 성으로 달려간 윌슨 경사는 시체가 있는 서재로 안내되었다.

"흠! 2연발식 엽총을 사용해 시체를 무참하게 해 놓았군. 우선 본서에 있는 메이슨 경감에게 연락을 해야겠어."

윌슨 경사는 우선 사건이 일어난 상황에 대해 베이커 씨가 말하는 대로 수첩에 적었다.

"그 때가 11시 30분쯤 되었을 겁니다. 아래층에서 총소리가 나길래 급히 이 곳으로 내려오니 이미 더글러스 씨는 죽어 있었고, 더글러스 부인 역시 계단에서 막 이리로 오려는 모습이 보였어요. 저는 앨런 부인을 불러 더글러스 부인을 모시고 올라가도록 한 뒤, 집사 에임스와 함께 이 곳에 있었어요."

윌슨 경사는 서재를 이리저리 둘러보았다. 창문 가를 살펴보던 윌슨 경사는 흙투성이의 발자국을 발견했다.

"이 발자국은 범인의 것으로 아마도 성안의 다리가 내려지기 전에 집 안으로 들어와 서재의 커튼 뒤에 숨어 있었던 것 같군. 그러다 집 주 인인 더글러스 씨에게 발견되자 그를 죽여버린 거로군."

경사는 그 외에도 더글러스의 팔에서 작은 동그라미 안에 세모 모양을 그려 넣은 표시를 발견했다.

"집사! 자네 주인인 더글러스 씨의 몸에 이상한 게 없나 살펴보시오."

"아, 결혼 반지가 보이지 않는군요. 늘 새끼손가락에 결혼 반지와 다이아몬드 반지를 같이 끼고 다니셨어요."

"결혼 반지라?"

"그런데 주인 어른은 결혼 반지를 다이아몬드 반지의 안쪽에 끼고 다니셨어요."

집사의 설명에 윌슨 경사는 고개를 갸우뚱거렸다.

"거참 이상한 일이로군. 범인이 굳이 안쪽에 있는 결혼 반지를 빼내 가다니……."

윌슨 경사의 보고 내용을 그대로 우리에게 들려준 화이트 메이슨 경감과 우리 일행은 사건 현장인 벌스턴 성으로 가 보기로 했다.

벌스턴 저택은 오랜 세월의 흔적을 말해 주듯 담쟁이덩굴로 온통 덮여 있었다. 성 주위 못의 깊이는 1미터쯤으로 그리 깊어 보이지 않았다.

메이슨 경감의 뒤를 따라 못가의 다리를 건너 저택 안으로 들어간 우리는 사건 현장을 지키고 있던 윌슨 경사와 부딪혔다.

"수고하는군. 그 동안 새로 발견된 일이라도 있나?"

"어서 오십시오. 보고드린 내용 외에 별다른 일은 없었습니다."

메이슨 경감은 우리들을 시체가 있는 서재로 안내했다. 홈스는 시체의 이곳 저곳을 둘러보았다.

"흠, 윌슨 경사의 말대로 팔에 이상한 표시가 그려져 있군. 얼굴에 붙인 반창고는 뭐지?"

집사를 불러 반창고 자국에 대해 물었다.

"어제 주인 어른께서 면도를 하다가 베인 상처입니다."

"무언가 급히 하느라 서둘렀나 보군."

홈스는 다시 범행에 사용된 엽총을 살펴보았다.

"이 총은 미국에서 제조된 것이군요. 여기 있는 P자가 펜실베이니아를 나타내는 걸 보면 알 수 있죠."

"과연 그렇군요."

그는 다시 서재에 있는 탁자로 다가가더니 초와 램프를 집어들었다.

"이상하군. 총소리를 듣고 내려온 제임스 베이커 씨는, 더글러스가 들고 내려왔던 초가 아직 환하게 켜져 있었을 텐데 왜 일부러 초를 끄고 램프를 켰는지 모르겠군. 게다가 창가에 남아 있는 범인의 발자국과 커튼 뒤에 남겨진 범인의 발자국의 생김새가 달라 보이는데."

"그럴 리가?"

맥도널드 경감은 홈스가 있는 곳으로 다가와 범인의 발자국을 비교해 보았다. 과연 홈스의 말이 사실이었다.

"아, 잊은 게 있군요. 시체 옆에서 주웠다던 쪽지에는 뭐라고 적혀 있나요?"

"v.v.341이라고 적혀 있습니다. 확인해 보시죠. 더글러스의 친구인 베이커 씨와 집사 말로는 더글러스 씨의 필체가 아니라는군요."

"그렇다면 범인의 것이로군. 이 암호는 아마도 비밀 단체를 나타내는 것 같소. 더글러스 씨가 미국에서 지낼 당시에 가입했던 단체로 영국으로 들어온 그를 쫓아 복수의 총을 들이댄 것일지도 모르겠군요. 이 쪽지를 남겨 두고 간 것도 그들 단체가 더글러스 씨에게 한 짓을 여러 사람들에게 공개적으로 알리려는 의도였겠지."

메이슨과 맥도널드 경감은 홈스의 추리력에 혀를 내둘렀다.

"몇 가지 증거들로 그런 추리를 하다니 대단하군."

"단지 추측일 뿐이오. 정확한 증거가 부족합니다. 예를 들면 사라진 결혼 반지에 대해 어떻게 설명할지 모르겠군요."

그 때 다시 홈스의 눈에 띄는 물건이 있었다. 그것은 탁자 밑에 있던 아령이었다. 그는 집사에게 궁금한 것을 물어보았다.

"왜 아령이 한 개밖에 보이지 않지?"

"한 쌍이었던 걸고 알고 있는데요……."

홈스는 자신의 생각과 맞아떨어졌는지 흡족한 얼굴이었다. 그러고는 내게 귓속말을 해 주었다.

"사라진 아령이 이 사건의 열쇠가 될 수 있을 거야."

우리가 있던 서재의 문이 세차게 열리더니 제임스 베이커 씨가 허겁지겁 뛰어들어왔다.

"드릴 말씀이 있어요. 범인이 타고 온 걸로 여겨지는 저전거 한 대가 이 성의 다리 근처에서 발견되었답니다."

"어서 그리로 가 봅시다."

자전거는 이 저택의 잡초가 우거진 곳에 내동댕이쳐져 있었다.

"오늘 사건을 보고받은 즉시 서섹스 주에 비상령을 내려놓았으니 범인은 독 안에 든 쥐일 것이오."

"일단 다시 저택으로 돌아가 더 조사를 해 봐야겠소."

홈스는 자전거에 별다른 관심을 보이지 않고 다시 저택으로 돌아왔다. 곧 집사 에임스와 하녀의 우두머리격인 앨런 부인을 불렀다.

"묻는 말에 솔직히 답해 주기 바라오. 에임스 씨는 11시 30분에 울렸다던 총소리를 들었나요?"

"못 들었어요. 그 때 저는 주방에서 일을 하고 있었는데 베이커 씨의 호출을 받고 그제야 주인 어른이 변을 당하신 것을 알았어요."

이번에는 앨런 부인 쪽을 향해 같은 질문을 하자, 에임스와 비슷한 대답을 했다.

"가는 귀가 먹어서인지 몰라도 총소리 같은 것은 듣지 못했어요. 베이커 씨가 종을 쳐서 호출하는 소리에 아래층으로 내려간 거죠. 이상한 소리라면 베이커 씨가 저를 찾기 전에 꽝 하는 소리는 들었어요."

"정말입니까? 혹시 그 소리가 베이커 씨가 종을 치는 소리보다 얼마나 더 빨랐습니까?"

"대략 30분쯤 전인 것 같습니다."

"그럼 베이커 씨는 부인에게 어떤 일을 시켰나요?"

"주인 어른이 죽었다는 소리를 듣고 나서 마침 아래층으로 내려오고 있던 더글러스 부인을 모시고 다시 이층으로 올라갔어요."

홈스는 고개를 갸우뚱거렸다.

"사건 당시 더글러스 부인은 남편의 시체를 확인도 하지 않은 채 그대로 이층으로 올라갔나요?"

"예, 몹시 두려워하시길래 제가 곁에 모시고 올라갔어요."

"앨런 부인, 이제 그만 나가 보셔도 좋습니다."

집사와 앨런 부인이 나가고 다시 더글러스의 친구인 제임스 베이커 씨가 증인의 신분으로 나타났다.

"베이커 씨, 당신은 더글러스 씨와 어떤 사이입니까?"

"그와 알게 된 것은 캘리포니아 광산에서였어요. 그는 금광에서 재미를 본 뒤로 다시 영국으로 돌아와 이 곳 벌스턴에 자리를 잡았죠. 나는 한참 뒤에 하던 일이 성공하여 런던으로 돌아왔어요."

"혹시 더글러스 씨가 외국에 있을 때 가입한 비밀 단체에 대해 알고 있는 게 있나요?"

"잘은 모릅니다만 캘리포니아로 가기 전에 시카고에 머물렀던 적도 있다고 들었어요. 함께 지내지 않은 시절에 대해서는 뭐라고 대답하기가 곤란하군요."

이 때까지 잠자코 있던 맥도널드 경감이 대뜸 물었다.

"이 마을에 떠도는 소문으론 당신은 더글러스 부인과 좋은 관계를 가지고 있다던데, 인정하시나요?"

"지금 무슨 소리를 하는 거요?"

난데없는 소리에 제임스 베이커 씨는 버럭 화를 냈다.

"그렇게 불같이 화를 내는 것을 보니, 헛소문은 아닌 모양이로군."

"도대체 내게 뭘 알고 싶어서 이러는 거죠? 좋아요, 그렇다면 사실대로 말해 드리죠."

베이커 씨는 일부러 화를 진정시키느라 입술을 꼭 깨물었다. 그리고는 다시 차분한 목소리로 대답했다.

"사람들의 소문처럼 나와 더글러스 부인은 친한 친구입니다. 하지만 그 이상은 절대 아닙니다. 가끔 부인과 둘이서 정원을 산책하기도 하고 관심 있는 분야에 대해 이야기를 나누기도 했어요."

하지만 맥도널드 경감은 베이커의 대답이 성에 차지 않는 듯했다.

"없어진 결혼 반지를 당신이 가지고 있는 건 아니겠죠?"

"물론 내가 가져갈 이유가 없소!"

베이커는 다시 한 번 분노를 삭이고 정중히 대답했다. 이번에는 홈스가 나서서 그에게 몇 가지 질문을 했다.

"시체를 발견한 뒤로 당신은 왜 일부러 켜져 있던 초를 끄고 램프를 켰나요?"

"옛?"

예상치 않은 질문에 베이커 씨는 잠시 당황하는 눈빛이었다.

"아, 그건 램프의 불빛이 더 밝다고 생각했기 때문이었죠."

"그 순간에 초까지 꺼놓다니 매우 침착하다고 할 수 있겠군."

홈스는 베이커 씨에게 그만 나가 봐도 좋다고 손짓을 했다. 이제 마지막 증인으로 더글러스 부인만이 남아 있었다.

앨런 부인의 전갈을 받은 더글러스 부인은 잠시 후 우리들 앞에 모습을 나타냈다. 듣던 대로 대단한 미인이었다.

"제게 물어 보실 말씀이 있다고 하길래 왔습니다만……."

"남편 일로 무척 괴롭다는 것은 잘 알고 있지만 몇 가지 묻겠어요."

"범인을 잡는 데 도움이 되었으면 좋겠군요."

"아직 더글러스 씨의 시체는 보지 못했나요?"

부인은 몹시 비통한 얼굴로 고개를 끄덕였다.

"예."

"그 동안 남편에게서 뭔가 이상한 점을 발견하신 적이라도 있나요?"

"자세히는 모르겠지만 아마도 광산 일을 하면서 무슨 일을 당한 것 같아요. 가끔 악몽을 꾸곤 했는데, 그 때마다 악마의 계곡이란 말과 단장 매킨티라는 말을 외쳤어요."

곁에 있던 맥도널드 경감이 다시금 떠도는 소문에 매달렸다.

"더글러스 씨와 결혼하기 전에 당신을 흠모하던 사람은 없었나요?"

"전 남편을 사랑해요."

더글러스 부인은 맥도널드 경감의 의도를 눈치챈 듯 딱 잘라 말했다. 하지만 여기서 물러설 맥도널드 경감이 아니었다.

"사라진 결혼 반지에 대해 어떻게 생각하십니까?"

"괴상한 일입니다."

더 이상 물어볼 것이 없자, 홈스는 부인에게 편히 쉬라고 배려를 해 주었다.

"베이커 씨가 범인인지도 몰라. 저렇게 아름다운 부인을 자기 것으로 만들기 위해 이런 흉악한 일을 저질렀을 거야."

맥도널드 경감은 부인의 뒷모습을 보며 이렇게 중얼거렸다. 홈스는 윌슨 경사에게 집사 에임스를 다시 한 번 불러 줄 것을 부탁했다.

"한 가지 더 물어볼 것이 있네."

집사는 홈스의 두 눈을 바라보았다.

"어제 사건 현장에서 베이커 씨가 신고 있었던 신발이 어떤 것인지 알고 있나?"

"알고말고요. 침실용 슬리퍼를 신었어요. 베이커 씨가 경찰에 신고를 하려고 나갈 때 제가 외출용 구두를 가져다 줬어요."

"틀림없군. 그 슬리퍼를 어서 가져오게."

잠시 후 나타난 집사는 베이커의 피 묻은 슬리퍼를 들고 나타났다.

"사건 현장을 서성댔으니 신발에 피가 묻어 있는 것은 당연하지. 자, 여러분, 나를 따라오시오."

홈스는 우리들을 서재의 창가로 안내했다. 그리고는 창 주변에 남아 있던 범인의 발자국에 베이커의 슬리퍼를 맞춰 보았다.

"똑같잖아!"

윌슨 경사의 외침대로 창가에 나 있던 발자국과 베이커의 슬리퍼 자국은 일치되었다. 맥도널드 경감 역시 손뼉을 쳤다.

"그럴 줄 알았어. 베이커 그 놈이 범인임에 틀림없어."

곁에 있던 나는 몹시 지쳐 있던 참이라 먼저 호텔로 돌아가겠다고 귀

띔을 했다.

"그렇게 하도록 하게."

저택의 서재를 나온 나는 벌스턴 주택의 정원을 보는 순간, 구경을 하고 싶다는 생각이 떠올랐다.

'오래된 저택이라 그런지 나무와 꽃들이 무성하군.'

천천히 산책로를 향해 걷고 있던 나는 어느 새 숲이 울창한 곳까지 들어왔다. 갑자기 어디선가 사람들이 두런거리는 소리가 들려왔다.

"호호호!"

여자의 웃음소리에 이어 굵직한 남자의 말소리가 분명하게 내 귓가에 들렸다.

'누굴까?'

궁금한 마음이 들어 소리가 나는 곳으로 살금살금 다가갔다.

'앗! 저 사람은 베이커 씨가 아닌가? 그리고 저 여자는⋯⋯.'

큰 나무 그늘에 다정하게 앉아 있는 그들은 베이커 씨와 더글러스 부인이었다. 마치 뒤통수를 한 대 얻어맞은 기분이었다.

'남편이 죽은 지 얼마나 됐다고 남편 친구와 저렇게 다정히 앉아 웃고 떠들다니. 맥도널드 경감의 추측이 맞아.'

보지 말아야 할 것을 본 것처럼 마음이 개운치 않은 나는 그 자리를 피하기 위해 뒤돌아서려던 순간이었다.

"탁!"

내 발 밑에 있던 나뭇가지 하나가 부러지는 소리가 났다. 그 때 이야기를 나누던 두 사람이 뒤를 돌아다보았다. 그들 역시 나를 발견하고는 흠칫 놀라는 표정이었다.

"혹시 홈스 씨와 함께 오신 왓슨 박사님이신가요?"

베이커 씨는 나의 떨떠름한 표정을 보며 이렇게 물었다.

"이 곳은 제가 있을 자리가 아닌 것 같군요."

어느 새 왔는지 막 돌아서려는 나를 향해 더글러스 부인이 외쳤다.

"부디 저를 속된 여자로 생각지 말아 주세요."

"실례합니다."

"잠깐만, 이번 사건은 말 못할 비밀이 있어요. 만약 그걸 알게 된다면……."

그러자, 베이커 씨가 얼른 부인의 말을 가로챘다.

"지금 무슨 말씀을 하시려고 그러나요? 입조심을 하셔야 합니다."

두 사람의 일을 더 이상 알고 싶지 않은 나는 간단히 고개를 숙여 인사를 한 뒤 벌스턴 저택을 빠져나왔다. 호텔로 돌아온 나는 두 사람이 비밀리에 만나는 장면을 생각하며 몹시 기분이 나빴다.

오후에 호텔로 돌아온 홈스는 늦은 점심을 먹었다. 나는 낮에 벌스턴 성의 정원에서 본 일을 이야기했다.

"그런 건 별로 중요한 일이 아니야. 왓슨, 내가 알아낸 사실들을 좀 들어 보겠나?"

"좋아, 이야기해 보게."

"우선 베이커 씨와 더글러스 부인, 둘 다 거짓말을 하고 있어. 베이커 씨는 11시 30분쯤 총소리를 듣고 곧바로 현장으로 갔다고 증언했어. 하지만 그건 말이 안 되는 소리야. 범인은 살인을 한 뒤에도 시체의 안쪽에 있던 결혼 반지를 빼낸 뒤 다이아몬드 반지를 다시 끼워넣어야 했어. 게다가 일부러 남겨놓은 종이 쪽지까지 말이야. 더욱이 의심스러운 것은 창가에 묻어 있는 슬리퍼 자국들이 바로 베이커 씨의 것이란 걸세."

나는 고개를 끄덕이며 홈스의 말을 들었다.

"11시 30분쯤엔 집 안에 있는 어느 누구도 총소리를 들은 사람이 없어. 하지만 서재와 가까이 있는 곳에 있던 사람이 있어. 바로 앨런 부인으로 그녀는 귀가 어두운 편이지. 난 그녀가 11시에 들었다는 쾅하는 소리가 바로 진짜 총소리라고 생각해."

"그럼 더글러스 부인이 이번 사건에 함께 가담했으리라고 생각하는 이유는 뭔가?"

정원에서 둘이 있던 장면을 목격한 나로서는 마음속으로 부인 역시 의심스러웠지만 확실한 증거가 없었다.

"간단해. 부인은 남편이 죽었다는 말을 듣고 베이커 씨가 시키는 대로 이층으로 올라가 아직까지 남편의 시체를 보지 않았다는 점일세."

"그게 어떻다는 건가?"

"살인 사건을 많이 겪어 봤지만 그럴 경우 부인은 곧바로 남편의 시체를 보려고 울부짖으며 달려가는 법이지. 하지만 더글러스 부인은 그렇지 않았어."

"결국 두 사람이 공모하여 더글러스를 죽인 셈이군."

나는 홈스의 추리에 대한 결론을 내렸다.

"아, 아닐세. 두 사람이 각각 거짓말을 하고 있다는 것을 확인했을 뿐, 그들이 더글러스를 죽인 범인이라고는 하지 않았어."

"두 사람이 사건을 조작하고 사람들의 눈을 피해 함께 지내는 것을 본 이상 범인이라고 생각하는 것은 당연하지 않은가?"

"그렇게 생각할 수도 있겠지. 베이커가 일부러 창가에 만들어 놓은 슬리퍼 자국, 이상한 종이 쪽지, 사라진 결혼 반지, 게다가 범인의 것으로 보이는 자전거까지 말이야. 하지만 머리 좋은 베이커 씨가 정말로 더글러스를 죽일 생각이 있었다면 이렇게 사건을 크게 만들어 놓지는 않았을 거야. 다시 말해서 음식에 약을 탄다든지, 저택에서 멀리

떨어진 우거진 숲 속 정도에서 더글러스를 해쳤을 거야."

홈스의 이야기를 듣는 동안 내 머릿속은 점점 복잡해져 갔다.

"벌스턴 성을 조사해 본 결과, 외부에서 범인이 들어온 흔적은 찾을 수 없었어."

"자전거가 있지 않나?"

"글쎄. 범인이 타고 온 자전거라면 왜 일부러 버려두고 갔을까? 이곳을 나갈 때도 자전거를 이용하는 게 훨씬 빨랐을 텐데. 내 생각은 범인은 아직 성에 있다는 걸세."

"뭐라고?"

"오늘 밤 나는 벌스턴 성으로 가서 잠복을 할 생각이야. 전에도 자네에게 말한 적이 있지만 아령 한 개만 발견된다면 이번 사건은 해결된 셈이야."

홈스는 이번 사건의 증거물 중에 사라진 아령 한 짝에 대해 거는 기대가 유별났다. 이 때, 우리를 찾아온 손님이 있었다.

"어서들 오시오. 그런데 두 분의 표정이 매우 밝은 걸 보니 수사가 잘 진행되고 있는 것 같습니다."

"물론이오. 범인의 것으로 보이는 자전거의 주인을 알아냈소."

메이슨 경감과 맥도널드 경감은 싱글벙글 웃으며 호텔 문을 들어섰다. 그들은 곧 자리에 앉아 그 동안 알아낸 사실들을 이야기했다.

"집사 에임스가 사건이 일어나기 전날 더글러스 씨가 덤브리지로 외출을 했다가 몹시 지친 얼굴로 돌아왔다고 증언을 했지요. 그래서 자전거를 가지고 덤브리지 근처를 돌며 범인을 찾았지요."

"호, 대단하군요."

"마침내 한 호텔에서 허그레이브라는 미국인이 자전거의 주인임을 밝혀냈어요. 우리는 재빨리 그가 묵었던 방으로 들어가 샅샅이 조사를 했어요."

"잠깐만, 그 허그레이브라는 사나이는 어디에 있나요?"

"그게……. 호텔 종원업의 말에 따르면 짐을 호텔에 놔둔 채 아직까지 돌아오지 않고 있다고 하더군요. 그 사나이의 방에는 옷 한 벌과 지도 한 장이 달랑 들어 있는 가방이 있었어요."

"그 외에 범인의 생김새나 옷차림은 어떻다고 했나요?"

홈스는 두 경감이 조사한 내용에 대해 관심 있게 물었다.

"제법 큰 키에 뾰족한 턱, 백발 수염에 나이는 50대쯤이라고 합니다. 옷은 노란색 외투에 검은 모자를 썼다고 하는군요."

"노란색 외투라?"

혼잣말을 중얼거리던 홈스에게 맥도널드 경감은 이번 사건에 대한 자신의 생각을 말해 주었다.

"허그레이브는 어떤 단체의 지시를 받고 자전거를 타고 벌스턴 저택 밖에서 더글러스를 기다리고 있다가 실패하자 곧 저택의 다리를 건너 집 안으로 숨어들었죠. 그런 뒤 서재의 커튼 뒤에 몸을 숨기고 있다가 한밤중에 더글러스를 보자마자 총을 쏘았던 거죠. 그리고 재빨리 결혼 반지를 빼낸 뒤, 암호가 적힌 종이 쪽지를 던져둔 채 들어왔던 창문으로 도망갔을 게 뻔해요."

"그럼 왜 자전거를 놔 두고 갔을까요?"

"아마도 사건이 경찰에 알려지게 되면 자신의 뒤를 쫓을지도 모른다는 생각에 몸을 숨긴 채 이 곳을 빠져나가기 위해서였겠죠."

홈스는 맥도널드 경감의 이야기를 다 듣고 나서는 오늘 밤의 계획에 대해 이야기했다.

"이번 사건은 그리 간단하지 않아요. 오늘 밤 벌스턴으로 가서 확인을 해 본 뒤 다시 말씀드리겠소."

두 경감은 확신에 찬 홈스의 대답에 역시 자신 있게 대꾸했다.

"그럼 저희들도 허그레이브란 사람이 포위망에 들어왔는지 알아본 뒤, 다시 만납시다."

맥도널드 경감과 메이슨 경감이 떠나고 난 뒤, 홈스 역시 벌스턴 성을 향해 출발했다.

"왓슨, 그럼 그 동안 푹 쉬고 있게. 아 참, 우산이 있으면 빌려 주게."

"우산이라니? 지금 날씨는 매우 좋은걸."

"후후후, 사건의 해결을 위해 필요한 거라네."

점점 알 수 없는 홈스의 행동이 궁금했지만 난 참기로 했다. 어차피 오늘 밤 벌스턴 저택에서의 잠복이 끝난 뒤에는 모든 사실을 알게 될 테니까.

홈스가 나간 뒤, 나는 졸음에 겨워 잠이 들고 말았다. 새벽에 잠이 깬 나는 홈스가 곤히 자고 있는 모습을 발견할 수 있었다.

다음 날 나는 홈스와 함께 이 마을의 파출소를 찾았다. 그 곳에는 맥도널드 경감과 함께 메이슨 경감, 윌슨 경사가 모여 있었다.

"수사는 잘 돼 가고 있나요?"

"아직 허그레이브의 행방을 찾지 못했소."

"그 사람을 찾아낸다는 것은 불가능할 텐데……."

홈스는 뭔가 알고 있다는 듯이 이렇게 중얼거렸다.

"그게 무슨 말이오? 시간이 걸리기는 하겠지만 분명히 허그레이브를 찾아낼 것이오."

"글쎄."

"참, 어젯밤 벌스턴 저택에서 계획했던 일은 잘 됐나요?"

"그보다 내가 벌스턴의 성에 대한 역사를 적어 놓은 책을 한 권 샀는데, 중요한 대목이 있어 여러분에게 들려주려고 가져왔소."

주머니에서 책 한 권을 꺼내 든 홈스는 소리를 내어 읽었다.

"벌스턴 성은 3백여 년 전에 세워진 것으로 제임스 1세의 아들인 찰스 1세가 내란이 일어나자, 성안의 지하실에 숨어 있었다고 되어 있어요."

"이 성안에 지하실이 있다는 사실이 왜 중요하다는 겁니까?"

"어제 나는 벌스턴 저택에서 다시 집사를 만나 더글러스 부인이 보통 때보다 식사를 두 배 정도 많이 했다는 사실을 알아냈어요. 이 사실과 저택의 지하실과는 아주 밀접한 관계가 있지요."

"갈수록 알 수 없는 이야기뿐이군."

맥도널드는 이해가 가지 않는다는 듯이 투덜거렸다.

"하하하, 우선 그 정도만 알고 있어요. 조금만 더 기다리면 모든 게 밝혀질 테니. 오늘 밤 어두워지면 내가 있는 호텔로 와 주시오."

"그러죠."

홈스는 자리에서 일어서려다, 잊었던 게 생각이 난 듯 도로 앉았다.

"맥도널드 경감, 한 가지 부탁이 있소. 베이커 씨 앞으로 편지 한 장을 써 주시오."

"어떻게 쓰면 되나요?"

"벌스턴 성 근처를 둘러싼 못가의 물을 모두 빼낸다고요."

"옛?"

맥도널드 경감은 홈스의 난데없는 말에 깜짝 놀랐다.

"지금 무슨 말씀이십니까? 무슨 수로 그 많은 물을 퍼낸단 말입니까? 또, 그렇게 해서 무얼 알아낼 수 있단 말이오?"

"지금은 더 이상 말씀드리기 힘듭니다. 저를 믿으시고 따라 주셨으면 합니다."

경감은 할 수 없다는 듯이 그렇게 하기로 약속했다. 파출소를 나온 홈스는 곧장 호텔로 돌아갔다. 이윽고 날이 어두워지자, 약속대로 맥도 널드 경감과 메이슨 경감이 호텔로 찾아왔다.

"다음 계획은 어떤 것인지 궁금하군요."

"함께 벌스턴 저택으로 갑시다."

우리 일행은 곧장 벌스턴 저택으로 출발하여 홈스의 지시대로 저택으 로 향하는 다리 근처 숲 속에 몸을 숨겼다.

"웬일이지?"

"왜 그러나?"

"저택으로 향하는 다리는 이 시간이면 올려져 있어야 하지 않나요?"

"맞아. 하지만 사건이 난 뒤로 메이슨 경감이 그대로 두도록 명령을 해 두었어."

내 물음에 홈스는 간단하게 대답해 주었다. 우리 일행은 그 곳에 숨 어 무작정 기다렸다. 두 명의 경감은 슬슬 불평을 했다.

"홈스 씨, 대체 무얼 기다리고 있는 건지 말 좀 해 주세요."

"물론 범인을 기다리고 있는 중이지요."

"그럼, 당신은 범인이 누구인지 알고 있단 말이오?"

"쉿, 저길 좀 보시오."

홈스는 손을 들어 벌스턴 저택 서재의 창문을 가리켰다. 벌써 한밤중 이라 다른 방의 불은 이미 꺼진 상태였다. 그런데 서재에서는 불빛이 흘러나오고 있었다.

"저기 사람이 왔다갔다하는 게 보여요."

메이슨 경감의 말대로 사람의 그림자가 서재의 창가로 나오더니 무언 가를 못가에 던져 넣었다.

"풍덩!"

고요한 밤중이라 물 속에 무언가 빠지는 소리는 제법 크게 우리 일행이 있는 곳까지 들려왔다.

"창가에 나타난 사람이 못가에서 무언가를 건져 낸 모양이군."

맥도널드 경감의 말대로 창가에 나타난 사람은 곧 끌어올린 보따리 비슷한 것을 들고는 안으로 들어갔다.

"증거물을 놓치기 전에 어서 안으로 들어갑시다."

마치 먹이를 발견한 짐승들처럼 우리는 재빨리 저택을 향해 달렸다.

"딩동!"

초인종이 울리자 집 안에서 집사 에임스가 나타났다.

"이게 누구십니까?"

"설명은 나중에 해 줄 테니 어서 비키시오."

맥도널드 경감은 집사를 밀치고 서둘러 서재로 뛰어들어갔다. 그 뒤를 따라 들어간 우리들은 제임스 베이커와 딱 부딪혔다.

"자네는……."

나는 그가 뒤에 무언가를 감추고 있다는 사실을 알았다. 베이커는 그의 우람한 몸집으로 조금 전 건져올린 보따리를 감추려고 했으나 허사였다. 왜냐하면, 그의 발 밑으로 보따리에서 물이 흘러내리고 있었기 때문이다.

"여기 있군요. 후, 그토록 찾았던 나머지 아령이 여기 묶여 있었군."

베이커는 모든 것을 체념한 채 아무런 반항도 하지 않았다.

"오늘 밤 내가 이 보따리를 건질 것이라는 사실을 어떻게 알았죠?"

"그거야 내가 당신에게 그렇게 하도록 조종한 거죠."

"그게 무슨 말씀인가요?"

"당신이 이 보따리를 못가에서 건지려고 작정한 것은 맥도널드 경감에게서 받은 편지 때문이 아닌가요?"

"사실대로 대답하자면 맞소. 경감이 보내 온 편지에는 못가의 물을

다 퍼낸다고 되어 있었기 때문에 서둘러 건져 올린 것이오. 그럼 홈스, 당신은 이 보따리가 못 속에 있다는 사실을 알고 있었단 말이군요."

홈스는 씩 웃으며 나를 바라보았다.

"왓슨의 우산을 빌리던 날 밤에 죽을 힘을 다해 못 속에서 저 보따리를 건져냈지. 아령이 한 개밖에 남지 않은 걸로 봐서 물 속에 무언가에 매달아 던져진 것은 아닐까 하는 추측을 할 수 있었소. 역시 내 생각대로 보따리를 건져 낸 나는 그 속에 무엇이 들었는지 확인한 뒤에 다시 못 속에 보따리를 던져 넣어 두었지."

"아니, 그토록 어렵게 건진 보따리를 어째서 다시 던져 넣었나요?"

"누가 이 보따리를 감추려고 했는지 알아보기 위해서였죠."

베이커의 얼굴은 이미 창백하게 질려 있었다.

"자, 이 보따리에 든 물건이 궁금하시겠죠?"

홈스가 끌러 보인 보따리 안에는 검은 부츠, 뾰족한 칼, 노란색 외투, 그리고 검은 모자 등이 들어 있었다.

"이건 미국인 허그레이브가 입고 있었다던 옷과 같잖아!"

"그 이야기는 다시 하기로 합시다. 먼저 외투를 보면 미국 버미사 읍닐 양복점이라고 되어 있소. 버미사는 콜로라도 고원에 있는 광산촌이라고 합니다. 여기서 주목해야 할 일은 이 단서로 인해 시체 옆에 놓여 있던 종이 쪽지에 대한 의문점이 풀린다는 것이오."

"v.v.341 말씀이로군요."

"그렇소. v.v.란 버미사 밸리의 약자를 나타내는 말이오."

서재에 모인 사람들은 홈스의 설명에 모두 감탄할 따름이었다. 베이커는 모든 게 끝났다는 듯이 참담한 표정이었다. 이 때를 놓치지 않고 맥도널드 경감이 앞에 서 있는 베이커 씨를 다그쳤다.

"자, 이제 당신의 입으로 이 상황을 설명해 보시죠."

"지금까지 홈스 씨가 말한 그대로요. 더 이상 할 말이 없소."

"왜 이런 짓을 저질렀는지 말하란 말이오!"

하지만 베이커 씨는 입을 꾹 다문 채 더 이상 아무 대답도 하지 않았다. 결국 그를 끌고 경찰서로 데리고 가려고 할 때였다.

"저 좀 보세요!"

어느 새 나타났는지 우리들이 서 있는 등뒤로 더글러스 부인이 그 모습을 드러냈다.

"이번 일은 베이커 씨의 잘못이 아니에요. 베이커 씨는 단지 우리 일을 도우려고 했을 뿐이에요. 그러니 그를 그냥 놓아 주세요."

"어서 오세요, 더글러스 부인. 이제 모든 걸 털어놓아 주셔야겠습니다."

"휴!"

더글러스 부인이 한숨을 내쉬며 잠시 말이 없자 홈스가 말을 꺼냈다.

"이제 그만 남편 되시는 더글러스 씨도 함께 나오셨으면 하는데……."

"홈스 씨, 지금 뭐라고 하셨소?"

맥도널드 경감과 우리들은 깜짝 놀라 어리둥절했다.

"죽은 더글러스 씨가 어디에 있단 말이오?"

"물론 내 말이 믿어지지 않겠지만 사실이오. 조금만 기다리면 아마 그가 나올 겁니다."

모든 사람이 긴장하고 있는 그 순간, 서재의 한 구석에서 살해된 줄 알았던 더글러스가 그 모습을 드러냈다.

"이럴 수가……!"

"저 사람이 이 집 주인인 더글러스 씨가 맞나요?"

"도대체 어떻게 된 일이지?"

그 곳에 있던 사람들은 저마다 한 마디씩 내뱉으며 놀라움을 금치 못했다. 건장한 몸집에 백발 수염이 매우 인상적인 50대 초반의 사나이는 자신을 이 집 주인인 더글러스라고 소개했다.

"그렇다면 이제까지 우리가 더글러스 씨라고 믿었던 시체는 누구지? 이제까지 저 사람은 어디에 숨어 있다가 나타난 거야?"

"아마도 찰스 1세가 숨어 있었던 이 성의 지하실에서 지냈을 것이오. 얼마 전에 부인이 두 배로 했다던 식사 역시 더글러스, 당신이 먹어 치운 게 아닌가요?"

홈스는 마치 직접 본 것처럼 자세하게 이야기했다.

"그렇소. 이 사실은 내 아내와 베이커만이 알고 있었소."

"홈스 씨는 더글러스 씨가 살아 있다는 사실을 언제 눈치챘나요?"

"못가에서 저 보따리를 건져 낸 다음이오. 맥도널드 경감이 알아본 대로 허그레이브란 사람이 입었던 옷차림과 똑같은 내용물이 보따리에 있다는 것을 알고 난 뒤요."

그러자 이번 일을 꾸민 장본인인 더글러스가 한 마디 거들었다.

"허그레이브의 본명은 볼드윈입니다. 그 사람은 늘 내 뒤를 쫓고 있었죠. 그 날도 내 목숨을 노리고 이 저택에 숨어들었다가 나와 한바탕 붙게 되었는데, 그만 내 총이 그를 쏘고 말았죠."

"왜 바로 경찰에 신고를 하지 않았나요?"

"그런 생각을 하지 않은 건 아니었어요. 하지만 볼드윈이 속한 비밀 단체에서는 내가 없어질 때까지 내 뒤를 쫓을 게 분명했죠. 순간적으로 나는 이번 기회를 잘 이용해야겠다는 생각을 하게 되었소."

"죽은 볼드윈을 마치 당신이 죽은 것처럼 꾸밀 생각을 했던 거로군."

"그렇소. 그리고 이 집 지하실에 숨어 있으면서 때를 기다릴 생각이었는데, 일이 틀어지고 말았군요."

맥도널드 경감과 메이슨 경감은 사건의 처리를 위해 더글러스 씨에게 사건이 일어나던 날 밤 일을 좀더 자세히 말해 달라고 했다.

벌스턴 성에서 사건이 일어나기 전날, 더글러스 씨는 덤브리지로 외출을 나가던 길에 볼드윈을 발견했다.

'끈질긴 놈, 여기까지 쫓아오다니……'

더글러스 씨는 서둘러 집으로 돌아왔다. 하지만 볼드윈이 이미 낮에 이 저택으로 숨어 들어온 줄은 까마득히 모르고 있었다. 더글러스 씨는 밤이 깊어 집 안을 둘러보기 위해 촛불을 들고 서재로 내려갔다.

방 안을 한 번 휘둘러보고 막 나가려던 그의 눈에 언뜻 눈에 스치는 것이 있었다.

'저 커튼 밑에 구두 같은 게 보인 것 같은데……'

그는 탁자 위에 있는 물건을 집어 들고 살금살금 커튼 뒤로 걸어갔다. 그 때 숨어 있던 볼드윈이 뛰쳐나와 그를 향해 칼을 휘둘렀다. 하지만 더글러스 씨 역시 만만치 않은 상대로, 잽싸게 들고 있던 물건을 그의 팔을 향해 내리쳤다.

"아얏!"

볼드윈은 잠시 주춤하더니 입고 왔던 노란색 외투에서 엽총 하나를 꺼내 들었다.

"에잇!"

더글러스 씨는 위험을 느끼고 엽총의 총 자루를 붙잡았다. 볼드윈과 엉겨붙은 그는 한참을 싸웠다. 결국 총이 발사되고 사방은 조용해졌다. 잠시 후, 정신을 차린 더글러스 씨는 주위를 살펴보았다.

'아, 정말로 흉측하군.'

두 개의 총구에서 발사된 두 개의 총알을 맞은 볼드윈의 얼굴은 그도 몰

라볼 만큼 짓이겨져 있었다.

"무슨 일입니까?"

"아, 베이커!"

총소리를 들었는지 친구 제임스 베이커와 더글러스의 부인이 이층에서 뛰어내려왔다. 그는 부인에게는 나중에 설명하겠다고 설득을 한 뒤 침실로 돌려보냈다.

베이커와 단둘이 남게 된 더글러스 씨는 이 상황을 어떻게 처리해야 좋을지 몰라 고심하고 있었다. 베이커 씨는 더글러스를 위로하며 도와주겠다고 말했다.

"그래! 저 문신……."

그 때 그의 눈에 띈 것은 볼드윈의 팔에 새겨진 비밀 단체의 회원 마크였다. 동그라미 안에 세모를 그려 넣은 모양이었는데, 더글러스 씨의 팔에도 새겨져 있었다.

'저 놈과 나를 바꾸는 거야. 이미 얼굴은 알아볼 수 없을 정도로 무참히 망가졌으니 내 옷만 바꾸어 입혀 놓는다면 아마 대부분의 사람들이 의심하지 않을 거야.'

곧 자신의 옷을 볼드윈에게 입힌 그는 볼드윈의 옷에서 버미사 밸리 341 지부를 뜻하는 종이 쪽지를 발견했다.

'흠, 나를 없앤 다른 회원들에게 멋지게 폼을 잡으려고.'

그는 볼드윈이 하려던 것처럼 그 종이 쪽지를 시체 옆에 놓아 두었다.

"자네의 반지도 이놈의 손에 끼워 줘야 하지 않을까?"

"그렇지. 하인들 중엔 내 손에 늘 두 개의 반지가 끼워져 있는 것을 알고 있는 사람이 있을 테니까."

경황이 없어 허둥대던 더글러스 씨를 베이커 씨는 침착하게 도와주었다. 먼저 다이아몬드 반지를 볼드윈의 손에 끼워 주던 더글러스 씨는 잠시 망설였다.

'이 결혼 반지마저 저놈에게 끼워 줄 수는 없어.'

곁에 서 있던 베이커 씨가 설득했다.

"완벽하게 하기 위해서는 결혼 반지 정도는 포기해야 하네."

"자네 말도 일리는 있지만, 난 그렇게 할 수 없네."

결국 더글러스 씨의 뜻대로 시체에게 다이아몬드 반지 한 개만 끼워 놓았다.

"자, 이제 저 시체가 내가 아니라고 할 수 없겠지."

"아직 한 가지 더 있네. 바로 자네 턱에 붙어 있는 반창고야."

"맞아, 집사 에임스가 턱에 난 상처에 붙일 반창고를 직접 가져다 주었으니까 분명히 기억하고 있을 걸세."

그는 턱에 붙은 반창고마저 시체에 붙여 주었다. 그리고 볼드윈이 입고 있던 옷가지를 보따리에 싸서 못 속에 잘 가라앉을 수 있도록 아령한 개를 매달아 던져 넣었다.

"베이커, 나는 이 저택의 비밀 지하실에서 사건이 잠잠해질 때까지 숨어 지내도록 하겠네. 그 뒤의 일은 자네에게 부탁하네."

"알겠네. 염려 말게."

더글러스 씨는 사건 당일에 있었던 이야기를 모두 끝내고 홈스를 바라보았다.

"자, 저는 어떤 벌을 받게 되나요?"

"흠, 우선 이 저택에서 일어났던 살인 사건은 당신의 집을 침입한 범인에 대한 정당방위로 처리될 수 있을 것 같은데……."

홈스는 이렇게 대답한 뒤 맥도널드 경감을 향해 눈길을 보냈다.

"지금 당장 당신의 처벌 문제를 결정지을 순 없어요. 일단 저와 함께 경찰서로 가시죠."

이 저택의 주인인 더글러스 씨의 뒷모습을 바라보며, 나는 홈스의 멋진 사건 해결에 축하의 말을 전했다.

흡 혈 귀

편지 한 통을 읽어 가던 홈스는 고개를 갸웃거리며 혀를 끌끌 찼다.

"이거 참, 알 수 없는 일이군."

"무슨 일인데 그렇게 고심을 하고 있나?"

그는 내게 들고 있던 편지를 넘겨 주었다.

"자네도 한번 읽어 보게. 중세에서나 일어날 법한 일이 일어났으니 이걸 믿어야 할지 모르겠군."

"괴상한 이야기가 이 편지에 쓰여 있는 모양이군."

내가 읽은 편지의 내용은 다음과 같았다.

안녕하세요?

홍차 도매상을 하는 퍼거슨 앤드 뮤어헤드 상회의 로버트 퍼거슨 씨로부터 이상한 일을 의논받았어요. 그는 우리 가게의 단골 손님으로 저와 친분이 있는 사람입니다. 흡혈귀에 관한 일인데 도무지 어떻게 대답해 드려야 할지 모르겠어요.

그래서 이번 일을 탐정 홈스 씨께서 맡아 주셨으면 합니다. 저는 몇 년 전에 일어났던 마틸더 브릭스 사건 때 뛰어난 활약을 하신 홈스 씨를 기억하고 있어요. 부디 이번 일도 시원스럽게 해결해 주시기 바랍니다.

모리슨 앤드 모리슨 상회 대표 E. J. C.

편지를 접은 뒤, 나는 홈스에게 물었다.

"마틸더 브릭스 사건은 어떤 사건이었나?"

"하하, 듣기엔 아가씨 이름쯤으로 생각될 걸세. 하지만 사실은 수마트라의 큰 쥐와 상관이 있는 배의 이름이야. 그 이야기는 나중에 자세히 들려주기로 하지. 그보다 이번 사건은 흡혈귀에 대한 것인데, 알고 있는 사실이 하나도 없으니……."

"그래도 일이 없어 침대에서 뒹구는 것보다는 낫지 않나?"

"하긴……. 이번 일은 마치 어린아이들의 동화책에 나오는 이야기 같군. 휴, 괴물, 피를 빨아먹는 흡혈귀, 귀신……."

홈스는 이런저런 낱말을 떠올리며 자리에서 일어났다. 그러고는 두툼

한 색인 장부를 찾아 탁자 위에 올려놓았다.

"자, 그럼 흡혈귀와 비슷한 사건이 있었나 슬슬 찾아볼까?"

오래된 사건들을 일일이 기억해 내며 홈스는 옛일을 생각하는 눈치였다. 그는 한 장씩 책장을 넘겼다.

"우선 글로리아 스콧 호의 항해 중에 생긴 일이 보이는군. 그 뒤로 빅터 린치, 위조범, 독을 내뿜는 도마뱀, 서커스 미인이었던 빅토리아, 살무사에 해머스미스의 괴물 비고어까지 참 인상 깊었지."

"자네가 찾고 있는 흡혈귀에 대한 사건은 없는가 보군."

그러자 홈스는 손을 내저으며 대답했다.

"아니, 아니. 여기 있군. 헝가리에서 전해져 오는 흡혈귀 전설이 있군. 게다가 다음 페이지엔 트랜실바니아의 흡혈귀도 나와 있어."

"그래?"

"먼저 읽어 보고 자네에게 말해 줄 테니 기다리게."

홈스는 중얼거리면서 열심히 흡혈귀에 관한 전설을 읽었다. 그리고 들고 있던 책을 탁 덮어 버렸다.

"뭐라고 쓰여 있나?"

"쳇, 쓸만한 내용은 하나도 없네. 죽은 시체가 살아서 움직일 때를 노려 심장에 말뚝을 박으라고 하는군."

"아니야, 내 생각은 그렇지 않아."

홈스는 내 말에 귀를 기울였다.

"무슨 소린가?"

"흡혈귀라고 해서 죽은 시체만을 떠올릴 필요는 없어. 언젠가 잡지에 난 재미난 기사를 읽은 적이 있어."

"재미난 기사라고?"

"한 노인이 어린아이의 피를 빨아먹으면 젊음을 되찾을 수 있다는 말에 자신의 마을 근처에 사는 아이들을 유괴했다는 기사였네."

"하하하, 그런 일도 있었나? 하지만 그런 헛된 소리는 미신일 뿐이야. 사람들이 그렇게 믿고 싶어할 뿐일세. 게다가 내가 하는 탐정 일이란 늘 있을 법한 일에 근거를 두고 추리를 해 나가야 해. 아무래도 흡혈귀에 관한 일은 내가 맡기엔 어렵겠군."

"그럼 이번 일은 하지 않겠다는 거로군."

홈스는 자신의 일이 아니다 싶은 것은 아예 쳐다보려고도 하지 않았다. 모리슨 앤드 모리슨 상회로부터 온 편지는 그렇게 잊혀졌다.

그로부터 며칠 뒤, 한 통의 편지가 날아들었다.

"홈스, 자네에게 온 편지일세."

"그래?"

홈스는 서둘러 편지의 겉봉을 뜯었다. 편지를 읽어 내려가는 그의 눈빛이 예사로워 보이지 않았다.

"로버트 퍼거슨 씨가 보낸 편지야."

"누구 말인가?"

"얼마 전에 모리슨 상회로부터 온 편지를 기억하나?"

"아, 흡혈귀에 관한 내용이 담겨 있는 편지 말이군. 그 때 자네가 허황된 이야기라고 별관심을 두지 않았지."

"맞아, 이 편지는 모리슨 상회로부터 소개를 받은 로버트 퍼거슨 씨가 보낸 거야. 참, 자네 혹시 랜벌리란 곳을 알고 있나?"

나는 웬만한 지명 정도는 알고 있었다.

"서섹스 주에 위치한 걸로 알고 있어. 좀더 자세히 말하면 호셔의 남쪽쯤이라고 하는 게 좋겠군."

"랜벌리의 치즈맨 집이라?"

홈스는 고개를 갸웃거렸다.

"그건 내가 잘 알고 있네. 치즈맨이란 말은 처음에 집을 지은 사람을 가리켜 부르는 말이야. 즉, 시골일수록 하비 집이니 오돌리 집 등으로 표시를 해놓곤 하지. 사람들의 기억 속에 영원히 기억될 수 있도록 말이야."

"그렇군."

내 말에 홈스는 고개를 끄덕였지만 썩 내키지 않는다는 표정이었다.

'기분이 좋지 않은 모양이로군. 자신이 알지 못하는 것을 다른 사람이 알고 있기 때문에 아마 자존심이 상한 거겠지.'

홈스의 성격 중 하나가 다른 사람이 들려준 정보에 대해 감사의 표시를 하지 않는다는 것이다.

"그런데 로버트 퍼거슨이란 사람은 자네를 잘 알고 있네."

"일전에 흡혈귀 건에 관해 모리슨 상회로부터 온 편지 속에 적혀 있던 사람이라는 것 외에는 들어 본 적이 없는데."

"그래?"

"자네 혹시 럭비 선수로 활동한 적 없나?"

"아니, 그걸 자네가 어떻게……."

나는 깜짝 놀라 되물었다.

"그렇다면 로버트 퍼거슨의 말이 사실인가 보군. 그 사람은 자네가 활동했던 럭비 팀의 상대편 선수로 활동했다고 써 놓았어."

그제야 나는 로버트 퍼거슨이란 이름을 기억하려고 애썼다.

"자, 이 편지를 읽어 보게."

홈스가 내민 편지에는 다음과 같이 적혀 있었다.

탐정 홈스 씨께
모리슨 상회의 소개를 받아 이렇게 몇 글자 적어봅니다. 하지만 어떻게 이 문제를 알려드려야 할지 막막하군요.

우선 제 결혼 이야기부터 시작하겠어요. 5년 전쯤 페루 무역상의 딸과 사랑에 빠져 얼마 안 있어 결혼을 하게 됐어요. 하지만 너무 서둘러 결혼을 결정했음을 알고 뒤늦게 후회하게 됐어요. 왜냐하면 페루 여자는 외국인인데다가 종교마저 달랐기 때문에 자주 다투곤 했어요.

시간이 갈수록 제가 이해하기 어려운 면이 아내에게서 발견되자, 점점 더 실망하게 되었죠. 자세한 이야기는 만나뵙고 다시 말씀드리겠지만 여기에 간단히 적기로 하겠어요. 그래야 조금은 제 심정을 이해하실 테니까.

지금의 아내는 저에겐 두 번째 부인입니다. 아내 역시 제가 재혼이라는 사실과 전 부인과의 사이에서 태어난 열다섯 살 난 잭이란 아이가 있다는 것을 미리 알고 있었어요. 잭은 아주 착한 소년입니다. 다만 어릴 때 실수로 그만 장애자가 되고 말았어요.

그런데 문제는 아내가 이 아이를 몹시 구박한다는 사실입니다. 더 놀랄 일은 자신이 낳은 아이까지 물어뜯어 죽이려 한다는 것입니다.

부디 저를 도와주십시오.

로버트 퍼거슨

추신——늘 홈스 씨 곁에 있는 왓슨 박사가 블랙히드 럭비 선수로 활동하고 있을 당시, 저는 리치먼드 팀에서 뛰었지요. 이 사실을 왓슨 박사에게 전해 주시면 감사하겠어요.

편지를 다 읽은 왓슨은 그제서야 비로소 로버트 퍼거슨이 누구인지 기억해 냈다.

"그래, 기억나는군. 체격이 상당히 좋은 사람으로 상대 팀의 유능한 선수였지. 거친 럭비 선수치고 성질이 온순한 편이었네."

"후, 내가 자네에 대해 이제까지 몰랐던 사실을 알게 되었군."

"어떤가? 이 사건을 맡을 생각은 있나?"

"자네도 나와 같은 생각을 했을 거라 믿네. 자, 한때 럭비 선수로 뛴 적이 있던 자네 친구의 사건을 맡아 보기로 하세."

홈스와 나는 다음 날 아침 서섹스 주를 향해 마차를 달렸다. 그 곳에 우리를 마중 나온 한 사람이 있었다.

"여깁니다."

손을 들어 우리를 맞이하는 사람은 예전에 럭비 선수로 활동했던 로버트 퍼거슨 씨였다.

'내 기억으로는 건장한 몸에 상당히 빠른 선수였는데. 예전의 모습을 찾아보기 힘들 정도로 허리는 굽었고, 머리칼마저 윤기를 잃어 푸석푸석해 보이는군.'

나는 젊은 시절의 유연했던 그의 모습을 떠올리고 실망스러웠다.

'저 사람의 눈에도 내가 그렇게 비춰질지도 모르겠군.'

퍼거슨 씨는 나를 보자 반갑게 맞아 주었다.

"정말 오랜만이군. 만약 거리에서 마주친다면 몰라볼 정도로군. 자네 예전에 나와 경기장에서 한바탕 붙었던 일 기억나나?"

"하하하, 그럼. 기억나고말고. 자네도 예전과 달리 많이 변했군."

"그런가? 아마 요 며칠 힘든 일을 겪고 나서 더 늙어버린 느낌일세."

그는 다시 홈스와 인사를 나누었다. 곧 랜벌리를 향해 출발을 한 우리들은 근처 여관에 우선 방을 잡았다.

"오시느라 수고가 많았어요."

"우선 퍼거슨 씨가 겪으신 일에 대해 자세히 들었으면 합니다."

"지금에 와서 뭘 더 숨기겠어요? 다 말씀드리겠습니다."

그가 우리에게 들려준 이야기는 다음과 같았다.

어느 날, 나는 일을 마치고 집에 들어서려다 누군가가 울고 있는 소리에 깜짝 놀랐다.

"잭!"

"아버지!"

전 부인의 아들인 잭은 나를 보자마자 울음을 터뜨리며 달려와서 안겼다.

"왜 그래?"

"……."

잭은 내 말에 대답을 하지 못하고 여전히 씩씩대며 옆에 서 있는 새엄마를 가리켰다. 나는 잭의 뺨에 손바닥 자국이 벌겋게 남아 있는 것을 보고 화가 치밀어올랐다.

"도대체 이 아이에게 무슨 짓을 한 거야?"

"당신이 뭘 안다고 그래요?"

아내는 오히려 내게 소리를 질렀다. 끓어오르는 감정을 억누르고 일단 잭을 방으로 돌려보냈다. 아내와 단둘이 남게 된 나는 그녀에게 조용히 타일렀다.

"당신이 낳은 아이는 아니지만 우리들의 자식이오. 다음부터는 이런 일이 없도록 주의하기 바라오."

"흥! 아무것도 모르면서……."

"그럼 잭이 정말 맞을 일을 했단 말이오?"

아내는 변명하려고 하지도 않고 그 자리를 떠나 버렸다. 이 일이 있은 뒤, 며칠이 흘렀다. 그 날 생각보다 일을 일찍 끝낸 나는 부랴부랴 집으로 돌아왔다.

"잘못했어요! 제발……."

아이의 찢어지는 듯한 비명 소리와 함께 나는 눈을 뜨고 볼 수 없는 광경을 목격하고 말았다. 아내가 어디서 났는지 지팡이를 번쩍 치켜들고 잭을 사정없이 내리치고 있는 것이었다.

"악!"

잭은 비명을 질러대며 자리에 털썩 주저앉고 말았다. 더 이상 그대로 두고 볼 수 없었던 나는 그녀에게로 달려가 뺨을 때리고 말았다.

"아얏!"

아내는 서 있던 자리에서 뒤로 물러서며 비틀거렸다.

"지금 잭에게 무슨 짓을 한 거야! 도대체 당신이란 여자는……."

"흑흑흑, 당신은 왜 저 애 편만 드시는 거죠?"

나는 기가 막혀 아무 대답도 할 수가 없었다. 아내 역시 얼굴을 감싼 채 그 자리를 떠나 버렸다. 옆에 있던 잭이 내 팔을 끌어당기자 그제야 정신이 든 나는 잭이 맞은 곳을 살펴보았다.

"호, 다행이구나. 팔에 멍이 들었을 뿐 상처는 크지 않으니."

잭은 말없이 내 품에 파고들었다. 그 때부터 나는 아내를 믿을 수가 없었다. 그런데 이런 일은 사실 아무것도 아니었다. 나중에 안 일이었지만 유모의 입을 통해 상상할 수 없는 일이 있었음을 알게 되었다.

아내가, 태어난 지 일 년도 되지 않은 자신의 아이를 안고 있었으므로 유모는 잠시 부엌에 물건을 가지러 자리를 비웠다. 그 때 아기가 자지러지게 우는 소리를 듣고 유모는 급히 아내가 있는 곳으로 뛰어갔다.

"세상에……."

아내는 자신의 아기의 목을 손으로 사정없이 누르면서 목 근처를 입으로 물어뜯고 있었다. 아기의 목에서는 금방 상처가 잡히고 피가 흐르기 시작했다.

"마님! 어쩌려고 그런 해괴한 짓을 하십니까?"

"유모, 그게 아니야."

아내는 몹시 당황하며 어쩔 줄을 몰랐다. 유모는 얼른 이 사실을 주인인 내게 알려야겠다고 마음먹고 뒤돌아섰다.

"제발, 말하지 말아 줘. 다시는, 다시는 이런 일이 없을 거야."

유모는 애타게 애원하는 마님을 보고 그만 마음이 약해져, 결국 내게 비밀로 할 것을 약속하고 말았다.

'마님이 제정신이 아닌 것 같아. 언제 또다시 저런 짓을 할지 몰라. 아, 무서운 일이야.'

이런 생각을 하며 유모는 그 뒤로 알게 모르게 안주인인 아내를 감시하곤 했다. 아내 역시 유모의 행동을 의식하며 눈치를 보게 되었다.

하지만 유모는 더 이상 이 일을 비밀로 하지 못하고 나를 찾아왔다.

"주인 어른, 드릴 말씀이 있어요."

"무슨 일이지? 혹시 아기가 아프기라도 한가?"

"지금부터 제가 말씀드리는 일은 믿기 어려우실 겁니다. 저도 믿기 힘들었으니까요. 저……, 얼마 전 마님이 아기의 목을 물어뜯는 걸 보았어요."

나는 깜짝 놀라 소리쳤다.

"지금 제정신으로 하는 말이야? 내 아내가 어쨌다고?"

"사실입니다. 저도 처음엔 제 눈을 의심할 정도였어요. 마님과도 이 일을 비밀로 하기로 했지만, 다시 또 그런 일이 생길까 봐 도저히 불안해서 견딜 수가 없었어요."

"흥, 유모가 꿈을 꾼 게로군."

물론 아내는 전처의 아들인 잭을 구박하고 괴롭히기는 했지만 성질이 포악할 정도로 나쁜 여자는 아니었다. 허튼 소리를 하는 유모를 단단히 꾸짖어 주고 있는데, 아내의 방에서 아기가 우는 소리가 들려왔다.

"주인 어른! 얼른 가 보세요."

순간 불길한 생각이 든 나는 벌떡 일어나 유모와 함께 아내의 방으로 뛰어갔다.

"여보!"

"당신 도대체 지금 뭘 하는 거야? 자신의 아이를 물어 죽이려 하다니……. 이런 세상에!"

"아, 아니에요. 전 단지……."

눈으로 이 광경을 확인한 나는 더 이상 아내의 변명 따위는 듣고 싶지 않았다. 곧 우는 아기를 한 팔로 안아 든 나는 아내의 방문을 세차게 닫고 나와 버렸다.

그 뒤로 아내는 자신의 방에서 한 발짝도 나오지 않았고, 나 역시 도저히 믿을 수 없는 이 일을 어떻게 해야 할지 갑갑했다.

'내 아내가 흡혈귀라니, 이 일을 어떻게 한단 말인가?'

퍼거슨 씨는 그 동안에 있었던 일을 숨김없이 모두 이야기했다.

"어쩌면 좋죠? 아내는 정말 사람들의 피를 빨아먹고 사는 흡혈귀인 걸까요? 동화책 속의 이야기도 아닌 현실로 나타났으니 이 사실을 믿어야 하나요?"

"퍼거슨 씨, 지금 너무 흥분한 것 같습니다. 우선 진정하시고 제가 묻는 말에 대답해 주세요."

홈스의 말에 퍼거슨 씨는 잠시 마음을 가라앉혔다.

"그런 일이 있은 뒤, 두 아드님과 부인은 어떻게 지내나요?"

"당연히 아기를 아내와 떼어두었죠. 아내 역시 내 뜻을 알아차리는지 자신의 방에서 전혀 나오려고 하지 않아요. 아내와는 이 일이 있기 전에 종교 문제로 몇 번 다툰 적은 있지만, 이 정도로 심각하지는 않았어요."

"부인을 사랑하십니까?"

퍼거슨은 단숨에 고개를 끄덕였다.

"물론이에요. 아내는 착한 여자입니다. 어쩌다가 이런 일들이 생겼는지 모르겠어요. 우리는 서로 사랑하고 있어요."

"그럼 이번 일에 대해서 부인에게 왜 그랬는지 물어보신 적은 있나요?"

"처음 아기의 목을 물어뜯고 있는 광경을 보았을 때엔 저도 정신을 차릴 수가 없어 아내를 외면했지요. 하지만 시간이 조금 지난 뒤, 아내의 방을 찾아가 조용히 물어보았어요."

"뭐라고 대답하던가요?"

"슬픈 눈으로 나를 바라볼 뿐, 전혀 말을 하려 들지 않아요. 그리고 이제는 저와 얼굴도 마주치지 않으려고 문조차 잠가 버렸어요."

나는 애처로운 심정으로 퍼거슨을 향해 물었다.

"그럼 식사도 전혀 하지 않고 있나?"

"아내 곁엔 결혼할 때 함께 따라온 돌로레스란 하녀가 한 명 있네. 그 하녀가 아내의 식사를 방으로 옮겨 주곤 하지."

"그러면, 아기는 지금 누가 돌보고 있나요?"

"그 점은 걱정하지 않아도 됩니다. 유모가 끔찍하게 잘 돌보아 주고 있어요. 그보다 잭이 걱정이 됩니다."

"아, 전 부인의 아들 말씀이군요."

퍼거슨은 잭을 생각하며 눈가에 눈물이 맺혔다.

"그 녀석을 생각하면 눈물이 납니다. 몸은 좀 불편하지만 마음은 아주 여리고 착한 아이입니다."

"어디가 아픈가요?"

"아주 어렸을 때 그만 높은 곳에서 떨어져 척추를 다치고 말았어요. 그 뒤로 등뼈가 휘어져 고통을 받고 있어요. 그 애의 눈을 바라보고 있으면 늘 애처로운 생각에 가슴이 미어지곤 한답니다."

홈스는 몸이 불편한 잭을 무척이나 사랑하는 퍼거슨의 마음에서 무언가를 읽은 듯했다.

"집에는 유모와 돌로레스란 하녀 외에 누가 있나요?"

"하녀가 두 명, 그리고 말을 돌보는 마부 마이켈이 있어요."

"편지로 봐서는 부인과 그리 오래 사귀지는 않은 것 같은데요……."

"그렇습니다. 만난 지 몇 주일이 되지 않아 결혼을 했으니까요. 그래서 결혼하고 난 뒤 얼마 동안은 후회를 많이 했었죠. 아내에겐 이해할 수 없는 부분이 많았으니까요."

"그렇다면 오히려 돌로레스란 하녀가 부인에 대해서는 더 잘 안다고 할 수 있겠군요."

"그런 셈이죠."

퍼거슨은 홈스의 물음에 고개를 끄덕일 뿐이었다.

"당신이 사는 랜벌리에 가서 다른 사람들을 만나봐야 할 것 같군요. 주변에 있는 사람들은 부인의 행동에 대해서 어떤 생각을 하고 있을지도 궁금하고요."

"그렇게 해주신다면 고맙겠습니다."

"그 전에 몇 가지 확인할 일이 있어요."

"무슨?"

"당신은 부인이 잭을 몹시 미워한다고 생각하고 있나요?"

"예."

퍼거슨 씨는 조금의 망설임도 없이 즉시 대답했다.

"왜 그렇다고 느끼시나요?"

"그야 자신이 낳은 아이가 아니기 때문이겠지요."

"흠, 단지 계모라는 이유로 전 부인의 아이를 그토록 싫어한다 이 말씀이시군요."

"일전에 아내가 잭을 때리는 광경을 몇 번 목격한 일이 있었는데, 그때마다 아내에게는 별다른 이유가 없었어요. 제가 화가 나서 다그쳐 물으면 그저 잭이 밉다고만 할 뿐 다른 말은 하지 않았으니까요."

홈스는 고개를 갸웃거리며 이번에는 잭에 대한 생각을 물었다.

"잭은 어떠했나요? 새엄마가 자신을 때리는 이유가 뭐라고 생각하고 있나요?"

"마찬가지였어요. 특별히 잘못한 일을 하지 않았는데 갑자기 때리더라는 말만 되풀이할 뿐이에요."

"부인과 아드님은 서로를 미워했던 것 같군요."

"저도 그렇게 생각합니다. 두 사람에게 도대체 애정이란 것은 찾아볼 수 없어요."

곁에서 홈스와 퍼거슨이 나누는 대화를 듣고 있던 나는 불쑥 한 마디 꺼냈다.

"자네는 잭을 무척 사랑하고 있군."

"암, 그렇고말고. 잭은 내 목숨과도 바꿀 수 있을 만큼 소중한 아이야. 그 아이도 나를 소중히 생각하고 있지."

홈스의 눈이 반짝거렸다.

"지금의 부인과 재혼하기 전에 잭과 지낸 시간이 많았겠군요. 당신은 그 사이에 잭을 가장 소중하게 여겼고, 잭도 마찬가지였겠지요?"

"그게 이 사건과 무슨 상관이 있나요?"

"분명 관련이 있소. 당신이 지금의 부인과 결혼을 하게 되자, 잭은 홀로 지내는 시간이 점점 더 많아지게 되었을 거예요. 그러다 보니 죽은 어머니에 대한 생각도 훨씬 깊어졌을 게 틀림없어요."

퍼거슨은 깜짝 놀라는 눈치였다.

"맞아요! 잭은 언제부터인가 자신을 낳아 준 엄마에 대한 이야기를 자주 묻곤 했어요."

"흠, 역시 그렇군요. 이건 아주 중요한 질문인데요, 부인께서 아기에게 괴상한 행동을 한 시기와 잭에게 손찌검을 한 날은 비슷한 때에 일어난 일입니까?"

"그리고 보니 거의 같은 때에 생긴 일 같습니다. 하지만 두 번째 일어난 때는 잭만 아내에게 매를 맞았어요."

"허, 그래요?"

홈스는 자신이 추측했던 것과는 차이가 있는 대답이 나오자, 잠시 생각을 정리하기 위해 입을 다물었다.

랜벌리의 채커스 여관에서 나온 우리 일행은 곧 대기시켜 놓은 마차를 타고 퍼거슨이 사는 곳을 향해 달렸다.

"저기 한적해 보이는 곳 외따로 떨어져 있는 집이 제가 사는 곳입니다."

시간은 벌써 어둠이 사방에 내리기 시작한 늦은 저녁 무렵이었다. 퍼거슨이 손으로 가리키는 곳엔 오래된 건물이 우뚝 서 있었다. 하지만 가운데 건물의 양 가장자리에는 지은 지 얼마 되지 않은 새 건물이 보였다.

'흠, 지붕의 이끼를 보니 지은 지 상당히 오래된 집이로군. 하늘 높이 솟아 있는 굴뚝과 깎아지른 듯 급경사를 이루는 지붕을 보니 그런 생각이 더한걸.'

퍼거슨을 따라 현관문을 들어섰다.

'이 떡갈나무가 이 집의 역사를 말해 주는 듯하군. 게다가 이 돌계단은 사람이 스쳐간 흔적을 그대로 가지고 있구나.'

집 안으로 들어선 나와 홈스는 거실쯤으로 생각되는 큰 방으로 안내되었다. 그 곳엔 보기에도 큼지막한 벽난로가 있었고, 장작불이 기세좋게 타오르고 있었다.

"저기 바구니는 무엇이오?"

홈스는 역시 예사로운 것도 그냥 지나치지 않았다.

"아, 저건 우리 집 개가 쉴 수 있도록 놓아 둔 것이오."

"자, 이리 와."

홈스는 다시 바구니에 처박혀 나올 줄을 모르는 개를 향해 손을 까닥거렸다. 바구니 속의 개는 홈스를 한 번 쓱 쳐다보더니 다시 몸을 웅크린 채 움직일 줄을 몰랐다.

"제가 해 보죠. 칼르로! 이리 와!"

스패니얼 종인 그 개는 주인이 부르자 귀를 쫑긋거리더니 힘겹게 일어났다. 그리고 절뚝거리며 퍼거슨이 있는 곳으로 걸어갔다.

"잘했어."

퍼거슨은 개의 머리를 쓰다듬어 주었다.

"이상하군요. 개의 걷는 모양이 어쩐지 어색해 보이는데요."

"잘 보셨어요. 어느 날 갑자기 칼르로가 온몸을 바르르 떨더니 이런 꼴이 되고 말았어요."

"수의사에게는 보였나요?"

"물론이죠. 확실한 진단 결과는 나오지 않았지만 수의사는 아마도 뇌척수막염인 것 같다고 하더군요."

"그게 언제쯤이었는지 기억나시나요?"

그는 잠시 기억을 되짚어보는 듯했다.

"아마 서너 달쯤 전인 것 같아요."

"처음 병이 들었을 때와 비교한다면 지금은 경과가 어떻습니까?"

"차차 나아지고 있어요. 처음엔 거의 죽는 줄 알았으니까요. 지금은 어색하나마 걸어다닐 수 있을 정도는 됐죠."

나는 그 때 홈스의 얼굴에 떠오른 흡족한 미소를 보았다.

'흠, 뭔가 짚이는 게 있는 모양이로군.'

역시 내 추측대로 홈스는 퍼거슨에게 스패니얼 종인 칼르로가 병에 걸린 때를 재차 확인하고 있었다.

"이 개가 병에 걸린 게 지금부터 서너 달 전이라는 것이 분명하죠?"

"그렇습니다. 하도 갑작스러운 일이라 분명히 기억하고 있어요."

"내 생각과 맞아떨어지는군요."

"옛? 그럼 벌써 제가 의뢰한 사건의 실마리를 푸셨단 말입니까?"

퍼거슨은 홈스에게 매달리다시피 하며 애원했다.

"제발 숨김없이 말씀해 주십시오. 이미 어떤 말씀을 하셔도 들을 각오가 되어 있으니까요. 제 아내가 정말 비정상적인 건가요, 아니면 용서받지 못할 죄를 저지른 건가요?"

"이렇게 흥분하시면 안 됩니다."

"괜찮습니다. 제 아이들을 위험으로부터 구해 내기 위해서 정신을 똑바로 차리고 있으니 걱정하지 마십시오."

이미 두 아이의 아버지가 된 그에게는 가족이란 말이 그 어느 때보다 더 소중하게 느껴졌다. 그리고 가족이 위험한 지경에 놓이게 됐을 때,

부모란 자리는 없었던 힘도 새롭게 솟아나게 하기 마련인가 보다.

'저 사람은 자신의 울타리를 지키기 위해 필사적이군.'

나는 애처로운 눈길로 예전의 럭비 선수였던 오래된 친구를 바라보았다. 홈스 역시 그런 그에게 따뜻한 위로의 말을 했다.

"그토록 알고 싶어하시니 간단히 말씀드리지요."

"고맙습니다."

"아직 확실한 것은 아니지만, 이번 일은 퍼거슨 씨, 당신에게 쓰라린 일이 될 것 같아요."

"무슨 말씀이신지……?"

홈스는 퍼거슨의 핏기 없는 얼굴을 본 순간 이야기를 다음으로 미루어야겠다고 생각했다.

"자세한 이야기는 부인과 이야기를 나눈 뒤에 하도록 합시다."

"아, 이야기를 피하려 하시는군요. 좋아요. 그렇다면 제 아내를 먼저 만나보도록 하녀 돌로레스를 불러오겠어요."

어깨를 축 늘어뜨린 채 퍼거슨은 큰 방을 나갔다. 홈스와 단둘이 있게 된 나는 걱정스런 눈길로 물어보았다.

"자네는 이번 일에 대해 뭔가 알고 있는 눈치 같은데, 어떤가?"

"대강 알 것 같아. 스패니얼 종이라는 개에 대한 일을 듣고 나서 확신을 할 수 있었지."

"그래?"

"하지만 아직 부인을 만나보질 못했어. 우선 일을 벌인 증인들을 만나본 뒤에 정확한 추리를 마칠 수가 있지."

홈스는 더 이상 내게 설명하지 않았다.

'그래, 홈스는 늘 확신이 서기 전에는 말을 아끼는 편이지.'

나는 그의 성격을 잘 알고 있기 때문에 더 이상 묻지 않았다. 잠시 후, 하녀를 부르러 갔던 퍼거슨이 돌아왔다. 그 뒤로 햇볕에 그을린 피부색을 한 하녀 한 명이 따라 들어왔다.

"아내의 시중을 들고 있는 하녀 돌로레스입니다."

"그렇게 긴장할 것 없어요. 몇 가지 물어볼 말이 있어 오라고 한 거니까요"

하녀 돌로레스는 나와 홈스를 번갈아 보며 잔뜩 경계하는 눈치였다.

"돌로레스, 저기 왼쪽에 계신 분은 내 친구로 의사 선생님이야. 너를 혼내 주려고 오라고 한 게 아니니 걱정하지 마."

"저 분이 정말 의사 선생님이 맞나요?"

그제야 하녀는 안심하는 눈치였다.

"그래."

"잘됐어요. 지금 마님의 몸이 좋지 않아요."

퍼거슨은 깜짝 놀라는 눈치였다.

"무슨 소리야? 조금 전까지 아프다는 소리는 없었잖아."

"마님께서 주인 어른께 알리지 말라고 해서 말씀을 드리지 않았던 거예요. 하지만 음식을 목에 넘길 수 없을 정도로 끙끙 앓고 있어요."

하녀 돌로레스는 내게 가까이 다가와 애원했다.

"선생님, 제발 우리 마님을 진찰해 주세요. 저러다가 어떻게 되실까 봐 겁이 나요."

"낯선 사람들을 만나는 것을 꺼린다고 들었어요. 부인께서 저를 만나 주실까요?"

그러자 하녀 돌로레스는 고개를 끄덕였다.

"마님께서는 요즘 가끔씩 까무러칠 정도로 정신을 잃곤 해요. 제 뒤를 따라오세요."

어떻게 해야 할지를 몰라 나는 홈스를 바라보았다.

"왓슨, 어서 부인께 가 보게. 무척 아프신 것 같네."

"그럼 다녀오겠네."

나는 홈스와 함께 가고 싶었지만 하녀 돌로레스는 의사 외에 다른 사람은 안 된다고 잘라 말했다.

이층으로 따라 올라간 나는 고전의 분위기를 풍기는 복도를 걸어 막다른 곳에 이르렀다.

"여기가 마님이 계신 곳이에요."

방문은 무척이나 튼튼해 보였는데, 문고리가 웬만해서는 열기 힘들게 단단히 잠겨 있었다.

"잠시만 기다리세요."

하녀는 치마 주머니를 뒤져 열쇠를 꺼내 들었다. 그리고 능숙한 솜씨로 문을 열고 안으로 들어가서는 서둘러 문을 잠갔다.

"꼭 이렇게 해야 하나요?"

"마님이 시킨걸요."

나는 이 집 부인은 어떤 여자일까 궁금했다.

'한 집에서 같이 살면서 마치 따로 떨어져 사는 사람인 것 같군. 흡혈귀란 소리를 들을 정도면 평범한 여자는 아닐 거야.'

부인의 방에 들어선 나는 한가운데 덩그러니 놓여 있는 침대를 발견했다. 부인은 겉으로 보아도 열이 높아 보일 정도로 얼굴이 들떠 있었다.

"이리 오세요."

하녀는 멀찍이 서 있는 나를 부인 곁으로 불렀다. 괴로운 얼굴로 누워 있던 퍼거슨 부인은 하녀의 목소리를 듣고 살며시 눈을 떴다.

'매우 아름다운 눈을 가졌군.'

퍼거슨 부인은 정신이 오락가락하는지 눈을 떴다가 다시 감아 버렸다. 나는 부인 곁으로 다가가 살며시 맥을 짚었다. 그러자 갑자기 정신이 드는지 감았던 눈을 번쩍 떴다. 그리고 나를 유심히 살폈다.

"마님! 걱정 마세요. 마님의 병을 진찰하러 온 의사 선생님이에요."

"이 분이 의사 선생님?"

부인은 입을 열어 이렇게 되물었다.

"예!"

하녀의 대답에 그제야 안심하는 눈치였다. 그리고 내게 내민 손을 가만히 놓아 두었다.

'흠, 특별히 몸에 병이 있는 것 같지는 않은데. 하지만 맥이 심하게 뛰는 걸 보니 마음이 불안한 모양이군.'

나는 하녀 돌로레스에게 물었다.

"그 동안 별다른 증상은 없었나요?"

"별로 특별한 증세는 없어요. 늘 이런 상태로 지내고 계세요."

그 때 가만히 누워 있던 부인이 가느다란 소리로 물었다.

"지금 남편은 무얼 하고 있나요?"

"하고 싶은 말씀이 있으신가 보군요. 퍼거슨 씨를 불러올까요?"

하지만 그녀는 아름다운 얼굴을 살짝 찡그리며 그만두라는 듯이 손을 내저었다.

"그만두세요. 아, 저기……."

"왜 그러세요?"

"저기 악마가 나에게 가까이 오고 있어요."

나는 부인이 말한 곳을 쳐다보았다. 방에는 부인과 하녀, 나밖에 아무도 없었다.

'헛것을 본 게 틀림없어.'

하지만 부인은 소리를 질러대며 손을 휘저었다.

"부인, 진정하세요. 지금 몸이 너무 쇠약해져서 헛것을 본 거예요. 간단히 차라도 한 잔 마시는 게 어떨까요?"

"아, 이제 저는 어쩌면 좋아요?"

"제가 도와 드릴 수 있는 일이 있다면 기꺼이 해 드리겠어요."

"이제 모든 게 끝났어요. 난 여러 사람에게 폐를 끼치고 싶지 않아서 한 일인데 결국 이런 꼴이 되고 말았군요."

"좀더 자세히 말씀해 주세요."

하지만 부인은 다시 말을 하려고 하지 않았다. 나는 그녀의 기분이 상하지 않게 되도록 조용한 말로 위로했다.

"퍼거슨 씨는 부인을 몹시 사랑하고 계십니다."

"저도……."

부인은 다시 말을 하려다가 입을 다물었다.

"무슨 말씀이라도 좋으니 제게 이야기하십시오. 혼자서 감당하기 힘든 일들을 가슴속에 담아 두기만 한다면 큰 병이 될 수도 있어요."

"무척 친절하시군요. 선생님의 말씀을 듣고 있으니 마음이 어느 정도 진정이 되는 것 같아요. 저도 역시 남편을 위한 일을 하려다가 이렇게 된 거예요. 저 역시 남편을 무척 사랑하고 있어요."

퍼거슨 부인은 울먹이며 자신의 마음을 내 보이려 했다.

"남편께서는 이번 일을 이해하지 못하고 있어요. 제 생각으로는 부인께서 남편과 함께 시간을 마련한 뒤 서로의 감정을 솔직하게 털어놓는 게 좋지 않을까 생각합니다."

"그럴 필요 없어요. 나를 의심하지 않고 따라 주기만 하면 되니까."

"부인, 혼자만의 생각으로 상대방을 끌고 나가서는 안 돼요. 상대편 생각이 나와 많이 다를 수가 있으니까요."

그러자 부인은 예전의 일이 떠오르는지 분노에 찬 목소리로 외쳤다.

"그 사람의 얼굴은 꼴도 보기 싫어요. 그가 나를 바라보는 눈빛은 너무도 무서워서 난 한 마디도 할 수 없었어요. 나를 마치 괴물처럼 취급하고 함부로 말을 했어요. 아, 더 이상 이런 이야기는 하고 싶지 않아요."

"지금 몹시 지쳐 있는 것 같군요."

"맞아요. 이제 그만 나가 주세요."

나는 더 이상 부인과 이야기를 나누기가 힘들다는 것을 알고 뒤돌아서 그 곳을 나오려고 했다.

"잠깐만 기다리세요!"

"제게 하실 말씀이라도 남아 있나요?"

"부탁이 있어요. 내 아기가 보고 싶어요. 제발 하루만이라도 내 곁에 데리고 있게 해 주세요."

"퍼거슨 씨께 부인의 말씀을 전하겠어요."

가벼운 인사를 퍼거슨 부인께 한 뒤, 나는 아래층으로 내려왔다. 하녀 돌로레스는 그대로 부인 곁에 남아 간호를 했다. 아래층에서 기다리고 있던 홈스와 퍼거슨은 나를 보자 서둘러 물었다.

"무슨 말을 하던가?"

"생각보다 부인은 정신적으로 심한 고통을 받고 있네. 물론 자네가 여기에 한몫 하고 있고."

나는 조금 전 부인과 나눈 이야기를 자세하게 두 사람에게 들려주었다. 이야기를 듣는 동안 퍼거슨의 얼굴이 점점 어두워져 갔다.

"그 외에 다른 말은 없었나?"

"아, 방을 나오려는데 나에게 한 가지 부탁을 하더군."

"어떤 부탁이었나?"

"아기와 함께 있고 싶다고 하더군. 단 하루만이라도 말이야."

전하는 말을 듣고 있던 퍼거슨은 갑자기 화를 벌컥 냈다.

"말도 안 돼! 아직도 정신을 못 차린 모양이야. 어떻게 아기를 맡길 수 있단 말이야. 이번에는 아기를 죽일지도 몰라."

"진정하게. 부인을 너무 정신 나간 여자로 몰지 말게."

퍼거슨은 얼굴을 파묻으며 괴로워했다.

"자네는 모를 거야. 아기의 곁에서 입에 피를 묻히고 나를 바라보던 그 눈빛을……."

홈스와 나는 퍼거슨 부부의 갈등이 심각하다는 것을 느낄 수 있었다. 이 때 문이 열리며 하녀 한 명이 들어왔다.

"차를 가져왔어요."

우리는 하녀가 가지고 온 차를 들며 잠시 말이 없었다.

"차 향기가 매우 좋군."

"맛도 매우 특이하군요."

홈스는 하녀가 내온 차가 무척 마음에 든 모양이었다. 아무 말 없이 차를 마시고 있는데 살며시 문이 열리며 한 소년이 얼굴을 들이밀었다.

'저 아이가 잭인가 보군.'

내 짐작대로 소년은 우리들 가운데 퍼거슨을 발견하자 금세 얼굴이 환해졌다. 푸른색 눈을 가진 그 소년은 겉으로 보기에도 무척 허약하고 예민해 보였다.

"아버지!"

"오, 잭이로구나. 이리 오너라."

퍼거슨 역시 잭을 향해 환한 웃음을 지어 보였다.

"언제 오셨어요? 제가 얼마나 기다린 줄 아세요?"

"그랬니? 참, 자 인사해라. 여기 계신 분들은 우리를 도와주기 위해 오신 분이란다. 탐정 홈스 씨와 왓슨 박사님이시란다."

그러자 잭은 호기심어린 눈빛으로 홈스에게 관심을 보였다.

"정말 이 분이 유명한 명탐정 홈스 씨가 맞나요?"

"그렇단다."

아버지의 대답을 들은 잭은 왠지 우리를 경계하는 눈빛이 되었다. 홈스는 잠시 잭을 바라보더니 퍼거슨 쪽을 돌아다보았다.

"어린 아드님이 한 명 더 있다고 하셨죠? 한번 볼 수 있을까요?"

"곧 데려오라고 하겠어요."

잠시 후, 유모 메이슨 부인이 아기를 감싸안고 나타났다.

"무척 귀엽게 생겼군."

방글거리며 웃고 있는 아기는 퍼거슨의 건장함과 부인의 아름다운 얼굴을 그대로 닮고 있었다. 유모에게서 아기를 건네받은 퍼거슨 씨는 너무나 사랑스러운 아들을 어르며 시간 가는 줄 몰랐다. 그 사이 나는 상처가 난 아기의 목을 유심히 살펴보며 고개를 갸웃거렸다. 홈스에게 무슨 말인가를 건네려던 나는 입을 다물었다.

'어디를 저렇게 뚫어져라 바라보는 걸까?'

홈스는 이 방 안에 있는 맞은편 창가를 눈 한 번 깜빡거리지 않은 채 열심히 바라보았다. 창문엔 덧문이 반쯤 닫혀 있는 상태였다.

잠시 후, 홈스는 창가로 향한 눈길을 거두고 아기에게 눈을 맞추었다. 그리고 조금 전 내가 본 아기의 목에 난 상처를 손으로 만져보았다.

"상당히 아팠겠군."

홈스는 곁에 서 있는 유모 메이슨 부인을 한쪽 구석으로 데리고 가더니 뭐라고 몇 마디 물었다. 내게서 조금 떨어진 거리였기 때문에 무슨 소리인지는 알아들을 수 없었다.

'아마 퍼거슨 부인이 저질렀던 일에 대해 조사를 하고 있겠지.'

조금 뒤, 홈스가 메이슨 부인에게 고맙다는 인사를 하는 소리가 들려왔다. 퍼거슨은 곧 메이슨 부인을 불러 아기를 데리고 나가라고 일렀다.

"메이슨 부인은 사람들에게 친절한 성격은 아니지만 믿을 만합니다. 늘 한결같은 마음으로 아기를 잘 돌봐 주니까요."

"그런 것 같군요. 제가 묻는 말에 간단하게 대답하는 걸로 봐서 낯선 사람을 경계하는 듯하군요."

홈스는 아직도 아버지의 곁에 있는 잭을 돌아보며 한 마디 물었다.

"잭, 네 생각엔 유모가 좋은 사람인 것 같니?"

"솔직히 대답해도 되나요?"

"그럼."

"유모는 저를 좋아하는 편이 아니에요. 저도 마찬가지예요."

잭은 눈을 찡그리며 이렇게 대답했다. 퍼거슨은 아들의 대답에 잠시 당황한 눈빛이었으나 금세 잭을 부드러운 눈길로 바라보았다.

"그랬구나. 왜 진작 내게 말해 주지 않았니?"

"그랬다면 아버지께서 유모를 내보냈겠죠. 하지만 그 정도로 유모를 미워하지는 않아요."

"오, 우리 아들은 정말로 착한 마음씨를 가졌구나."

퍼거슨은 아들의 너그러운 마음에 감탄하며 꼭 안아 주었다. 그리고 다시 잭을 향해 한 마디 덧붙였다.

"이제 그만 네 방으로 가 있거라. 아버지는 손님들과 나눌 이야기가 남아 있으니까."

"예."

잭은 불편한 다리를 끌며 밖으로 나갔다. 아들이 나가고 난 뒤 퍼거슨은 우리를 향해 실망의 빛을 드러냈다.

"아직 아무런 짐작도 못하시는 모양인데, 결국 이 문제는 아무도 손을 댈 수 없군요. 우리 부부는 이렇게 사는 수밖에 없겠군요."

"물론 아직까지 당신에게 설명할 수 있는 일은 없어요. 하지만 이제 거의 이 문제가 풀려 간다는 사실만 알아주세요."

"정말입니까? 그렇다면 어서 말씀 좀 해 주세요."

"아직 안 됩니다."

하지만 퍼거슨은 끈질기게 애원했다.

"이러한 일이 어떻게 일어난 것인지 궁금한 게 아닙니다. 단지 앞으로 제가 어떻게 행동해야 할지 막막할 뿐입니다."

"몹시 초조한 모양이군요. 그렇다면 좋아요. 아직 몇 가지 확인할 게 남았지만 부부가 함께 있는 자리에서 이야기해 보는 시간을 갖도록 합시다."

"아내와 함께 이야기해야 한단 말씀입니까?"

"그렇소."

퍼거슨 씨는 고개를 절레절레 흔들었다.

"아마 아내가 저를 만나 주지 않을 것입니다."

"왜죠?"

"그런 일이 있고 나서 문을 잠근 채 저와 이야기를 하려고 들지 않아요. 아내와 마주 앉아 말을 나누어 본 것도 오래되었어요."

"흠, 그랬군요."

홈스는 잠깐 생각하는 눈치더니 퍼거슨에게 종이와 펜을 가져다 달라고 부탁했다.

"잠시 기다리십시오."

퍼거슨은 곧 홈스에게 메모할 종이를 가져다 주었다. 홈스는 곧바로 무언가를 적어서 내게 내밀었다.

"왓슨, 심부름 하나 해 주어야겠네."

"누구에게 말인가?"

"퍼거슨 부인에게 이걸 좀 전해 줘. 자네는 이미 부인의 방을 한 번 다녀온 적이 있으니 방문 앞에서 쫓겨나는 일은 없을 걸세."

"그럼 다녀올 테니 기다리게."

이층으로 올라가 부인의 방을 찾은 나는 방문을 두드렸다. 안에서 문이 살짝 열리더니 하녀 돌로레스가 얼굴을 삐죽 내밀었다.

"왓슨 박사님이군요. 마님께서 부른 적이 없는데 무슨 일이죠?"

"이 메모지 좀 부인께 전해 줘요."

"박사님이 쓰신 건가요?"

"아니, 함께 이 집에 온 홈스 씨가 전해 달라고 부탁했어요."

"마님이 읽어 보려고 하실지 모르겠군요. 여기서 잠시 기다리세요."

다시 안으로 들어간 하녀가 퍼거슨 부인에게 뭐라고 말하는 소리가 희미하게 들려왔다.

"오, 이 편지를 누가 썼다고? 어서 빨리 이리로 그 분을 모셔 와!"

방문 안에서 퍼거슨 부인이 흥분에 들떠 외치는 소리가 바깥까지 울려 나왔다. 조금 뒤, 하녀 돌로레스가 돌아왔다.

"이상한 일인데요. 그 전엔 주인 어른 만나는 것을 끔찍이 싫어하셨는데 말이에요."

"퍼거슨 씨를 만나본다고 하셨나요?"

"예, 주인 어른을 비롯해 편지를 보내 준 홈스 씨도 같이 보고 싶다고 하시는군요."

"알겠어요."

나는 방문 앞을 돌아나오며 고개를 갸웃거렸다.

'도대체 홈스가 무슨 내용을 적어 보냈길래 사건이 일어난 뒤 한 동안 만나 주지 않았던 남편까지 만나려고 하는 걸까?'

곧 아래층으로 내려온 나는 부인의 말을 그대로 전했다. 역시 퍼거슨이 놀랍다는 표정을 지어 보였다.

"홈스 씨, 당신은 정말 대단하군요. 당신이 쓴 편지 한 장에 눈조차 마주치는 것을 꺼리던 아내가 단번에 나를 만나 주겠다고 하다니."

"자, 어서 올라갑시다."

이층으로 올라간 우리들은 퍼거슨 부인의 침대 곁에 둘러섰다. 퍼거슨 씨는 아내의 안색이 전보다 좋지 않음을 알고 애처로운 마음에 천천히 걸음을 옮겨 부인 곁으로 다가가려고 했다.

"그냥 거기 계셔요."

"여보……."

아내의 얼음장 같은 차가운 말 한 마디에 퍼거슨은 근처에 있는 의자에 털썩 주저앉았다. 부인은 아직까지 남편을 분노에 찬 눈으로 바라볼 뿐이었다.

홈스는 이 곳에 온 뒤 처음 마주치는 퍼거슨 부인에게 가볍게 고개를 숙여 인사를 나누었다.

"몸이 편치 않으니 오래 이야기를 나눌 수 없겠군요. 그럼, 이번 일에 대해 이야기를 시작하겠어요. 참, 그 전에 하녀는 잠시 내보내 주었으면 합니다."

"가족 간의 일을 하녀가 있는 곳에서 말씀하시려니 꺼리시는가 보군요. 하지만 상관없어요. 돌로레스는 나에 대한 일은 누구보다도 잘 알고 있어요."

부인은 하녀를 그냥 있도록 했다.

"그렇다면 부인이 좋으실 대로 하시죠. 이번 일은 시간이 흐를수록 점점 마음의 고통이 커진다고 할 수 있겠어요. 진실을 알고 어떤 사람이 마음의 상처를 입을지도 몰라요."

"그 정도는 이겨낼 수 있어요. 이번 일을 모르는 체 내버려 둔다면 우리 가족은 앞으로 더 큰 고통을 감당해야 하니까요."

"사실 여기 계신 부인은 이제까지 혼자 이 어려운 일을 떠안으려 했어요. 다른 사람들에게 상처를 주기 싫어서 말이에요."

이 때 퍼거슨 부인의 눈가에 눈물이 어렸다.

"홈스 씨, 그게 무슨 말씀입니까? 그럼 제 아내가 한 짓이 사실이 아니란 말인가요?"

"그보다 먼저 제 질문에 대답해 주세요."

"알겠습니다."

"당신은 분명 부인이 아기의 피를 빨아먹는 것을 보셨나요?"

퍼거슨은 그 때의 끔찍한 일을 떠올리며 고개를 끄덕였다.

"그렇습니다."

"왜 당신은 부인이 피를 빨아먹는 흡혈귀로만 생각하셨나요? 혹시 독을 빨아내고 있다고 생각지는 않았나요?"

"독이라니요?"

"우리는 뱀이나 독을 가진 동물들로부터 물리게 되면 일단 입으로 그 독을 빨아낸 뒤 상처를 치료하게 됩니다."

퍼거슨은 홈스의 말에 어리둥절한 표정이었다.

"조금 전에 있던 방에는 여러 가지 무기들이 잘 장식되어 있더군요."

"예, 제가 사냥용 장식품을 모으는 걸 취미로 하고 있어요."

"혹시 요 근래 사냥용 활 옆에 놓아 두었던 화살통에 화살이 한 개도 없다는 사실을 알고 있나요?"

"넷?"

나 역시 홈스의 난데없는 화살 이야기에 놀라지 않을 수 없었다.

"화살이 하나도 보이지 않는 것을 보고 내가 추측했던 일이 맞아 들어가고 있음을 확신할 수 있었죠. 누군가가 화살 독을 이용하려고 노렸다는 말입니다."

"누가 그런 짓을?"

"그 범인에 대해서는 잠시 후에 말씀드리기로 하겠어요. 우선 당신이 기르고 있던 개 칼르로가 알 수 없는 병에 걸린 것을 기억하시죠?"

"예."

"범인은 개에게 먼저 독을 사용하여 얼마만큼의 효과가 있는지 알아보려 했던 것입니다. 그래서 대단한 효과가 있다는 것을 알게 됐죠."

"아, 어떻게 그런 끔찍한 짓을……."

퍼거슨은 얼굴이 하얗게 질려 가고 있었다. 침대 위에 누워 있던 부인은 벌써 다 알고 있었다는 듯 담담한 표정이었다.

"범인은 이 집 안에 있어요. 그것도 아주 가까운 곳에 말이에요. 퍼거슨 부인은 오래 전에 이 사실을 어렴풋이 눈치채고 늘 불안한 마음을 가지고 지내왔죠. 부인, 이제까지 설명한 내용에 사실과 다른 부분이 있나요?"

"홈스 씨의 말은 모두 사실이에요."

"그 뒤로 부인께서는 범인이 아기를 노리고 있다는 사실을 알고는 늘 주의를 했어요. 가끔 범인을 혼을 내기도 하면서 말이죠. 하지만 잠시 부인이 한눈을 판 사이 범인은 아기에게 독이 든 화살을 찌르고 말았어요."

"잠깐만. 방금 홈스 씨께서 내 아내가 범인을 혼을 내기도 했다고 하셨나요?"

"그렇습니다."

"그럼 혹시 잭을 말씀하시는 겁니까?"

퍼거슨은 아들의 이름을 말하기 싫었지만 사실을 확인하기 위해서 어쩔 수 없었다. 혹시나 하는 마음이었던 것이 사실로 확인되려는 순간이었다.

"제발 사실대로 말씀해 주세요."

"무척 충격이 크실 줄 알겠지만 큰아드님인 잭이 바로 아기의 목에 화살을 찌른 범인입니다. 그 때 이 광경을 목격한 부인이 재빨리 독을 빨아내지 않았더라면 아마 아기는 죽고 말았을 겁니다. 앞뒤 사정을 모르는 당신에게 부인의 모습은 마치 사람의 피를 빨아먹는 흡혈귀로 보였겠지요."

"아, 사랑스럽고 약하기만 한 잭이 이런 일을 하다니 도저히 믿어지지 않는군요."

홈스는 이왕 내친 김에 하려던 말을 마저 했다.

"바로 그 점이 부인께서 당신에게 말하려던 마음을 도로 접게 했던 거예요. 당신과 애들에게 애정이 깊은 부인은 이런 일을 당신에게 알려 혼란스럽게 하고 싶지 않았던 겁니다. 당신이 얼마나 잭을 사랑하고 있는지 곁에서 잘 보아왔으니까요."

나는 아래층에서 홈스가 창문을 통해 무언가를 뚫어져라 쳐다보았던 일이 기억이 났다.

"궁금한 게 있네. 아기와 잭이 아래층에 있을 때 창가를 쏘아보았던 게 잭의 표정을 살피려고 했던 건가?"

"잘 봤군. 퍼거슨 씨가 아기를 어르고 있을 때, 난 창문에 있던 어린 잭의 표정을 잘 읽을 수 있었어. 아직 소년이었지만 증오에 찬 눈빛은 예사롭지 않았어. 잭은 어머니를 잃고 아버지가 재혼한 뒤 아버지의 사랑마저 새엄마에게 빼앗겼다는 생각을 늘 해 왔지. 게다가 몸이 불편한 잭은 오직 그런 생각에 매달리며 산 거야."

나는 고개를 끄덕였다.

"그럼 아직 어린 동생에게는 왜 그런 짓을 했을까요?"

"아버지의 사랑이 점점 어린 동생에게 향해 간다는 것을 느낀 잭은 동생이 없어졌으면 좋겠다는 생각을 하게 되었지. 그래서 이리저리 궁리하면서 생각해 낸 것이 바로 독을 발라 찌른다는 거였어."

홈스는 멍하니 듣고만 있던 부인을 향해 말했다.

"이제 부인이 설명할 차례군요. 괜찮으시다면 이제 그 동안의 일을 말씀하셔도 좋을 것 같군요."

"이제까지 홈스 씨가 말씀하신 그대로예요. 전 잭의 무서운 음모를 눈치채고 난 뒤, 늘 두려웠어요. 그리고 우려하던 일이 실제로 나타났을 때 제가 할 수 있는 일이라곤 잭을 때리는 것뿐이었죠. 아마 제 남편은 새엄마인 제가 잭을 학대한다고 생각했겠죠."

"사실 전 그 때 그렇게 생각할 수밖에 없었어요."

퍼거슨은 자신의 심정을 솔직하게 털어놓았다.

"남편은 그 때 제 말을 들으려고 하지 않았어요. 단지 화를 내며 저를 못된 여자로, 아니 못된 괴물로 몰아세울 뿐이었어요. 저는 너무나 실망스러워 제 방에 틀어박힌 채로 지금까지 지내왔어요. 그러다가 조금 전 홈스 씨가 왓슨 선생님을 통해 올려보낸 편지를 보고 너무나 반가웠어요."

"뭐라고 쓰여 있었나요?"

나는 궁금해서 부인에게 물었다.

"이 사건에 대해 너무도 잘 알고 계셨어요. 마치 옆에서 본 사람처럼 말이죠. 저는 홈스 씨야말로 저의 억울함을 풀어 줄 분이라고 확신했어요."

"홈스 씨, 이제 잭을 어떻게 하면 좋을까요?"

퍼거슨은 앞으로의 일을 홈스에게 물었다.

"글쎄. 우선 잭을 이 집에서 내보내는 게 좋겠군요"

"아니, 무슨 말씀을……."

"하하하, 걱정 마십시오. 제 말은 당분간만 가족들과 떨어져 지내는 게 좋겠다는 말씀입니다. 부인 역시 신경 과민으로 몸이 몹시 쇠약해져 있으니 그렇게 하시는 편이 좋을 듯합니다."

홈스의 처방에 퍼거슨은 그제야 고개를 끄덕였다.

"부인, 한 가지 궁금한 일이 있어요."

"무슨 일이죠? 홈스 씨의 말이라면 어떤 대답이라도 해 드리겠어요."

"이렇게 혼자 지내면서 아기가 보고 싶지 않았나요?"

부인은 자신의 아기 이야기가 나오자 눈물부터 글썽거렸다.

"아마 아기 엄마의 마음은 어느 나라를 막론하고 같을 거라고 생각됩니다. 남편이 없을 때 메이슨 부인에게 아기를 보여 달라고 애원하곤 했지요. 메이슨 부인도 나중에는 제가 아기를 해칠 마음이 없는 것을 알았는지 남편 몰래 아이를 보여 주곤 했어요. 가끔이나마 아이를 볼 수 있었기 때문에 이렇게 갇혀 지내면서도 견딜 수 있었어요."

"짐작은 했어요."

퍼거슨은 이 말을 듣고 아내에게 더욱더 애정이 가는 눈치였다. 자신이 그 동안 아내에게 어떤 짓을 했는지 깨닫고 용서를 빌었다.

"어떻게 사과의 말을 해야 할지 모르겠소. 내가 그 동안 당신을 막다른 길로만 내몰았던 것 같소."

"여보, 나도 그 동안 몹시 괴로웠어요."

홈스와 나는 이제 그만 퍼거슨 부부에게 둘만의 시간을 주어야겠다고 생각했다. 하지만 하녀 돌로레스는 자리를 비켜 줄 생각을 하지 않는 것 같았다. 홈스는 내 곁에 바짝 다가와 속삭였다.

"자, 나와 함께 하녀의 팔을 한쪽씩 끼고 이 방을 나가도록 하세."

"좋아."

나도 흔쾌히 대답을 했다. 곧 돌로레스는 나와 홈스에게 한쪽씩 팔이 붙들린 채로 방을 나왔다.

얼룩 줄

홈스와 나는 여전히 베이커 가의 방을 빌려 함께 생활하고 있었다. 4월 어느 날, 간밤에 늦게 잠이 들었던 나는 옆에서 부스럭거리는 소리에 잠을 깼다.

"무슨 일인가?"

"허, 내가 움직이는 통에 잠이 깬 모양이군."

홈스는 어느 새 옷을 말끔히 갈아입고는 무언가를 찾고 있었다.

"지금 몇 시쯤 됐나?"

"7시 조금 넘었군."

"아직 이른 시간인데, 어디 외출이라도 하려는 건가?"

"그게 아니라 밖에 손님이 찾아왔다네."

"손님이라니? 누가 이렇게 일찍 찾아왔다는 말인가?"

나는 그제야 침대에서 일어나며 궁금한 듯이 물었다.

"후후, 자네도 궁금한 모양이로군. 밖에 젊은 여자가 와 있네. 아마 몹시 급한 일인 것 같아. 이렇게 일찍 나를 찾아온 걸 보면 말이야."

"젊은 여자라고?"

손님이 있는 곳으로 나가기 전에 주섬주섬 옷을 입으며 나는 고개를 갸우뚱거렸다. 홈스가 먼저 방문을 열고 나갔다.

"나 먼저 나가 보겠네. 손님을 너무 오래 기다리게 해선 안 되니까."

"알았네. 어서 가 보게."

잠시 후, 옷을 차려입은 나는 거실로 나갔다. 홈스와 마주 보고 앉아 있는 아가씨는 무척 겁에 질려 있는 듯했다.

"아, 왓슨. 이리 와 인사 나누게."

"안녕하세요? 왓슨이라고 합니다."

"처음 뵙겠어요. 헬렌 스토나입니다."

검은 드레스를 입은 아가씨는 고개 숙여 인사를 했다. 나는 조용히 홈스의 곁으로 가 앉았다.

"자, 그럼 이야기를 시작해 볼까요?"

"그보다 먼저 따뜻한 물 한 잔만 주시겠어요? 너무 긴장이 돼서 아무 말도 할 수 없을 것 같아서……."

"참, 손님에게 차를 드린다는 것을 깜빡했군."

나는 곧 따뜻한 차를 준비하여 헬렌 양에게 내밀었다. 그녀는 누군가

에게 쫓기는 듯 긴장을 풀지 못했다.

"고맙습니다."

"무척 긴장하고 계시는군요. 하지만 마음 푹 놓고 말씀하십시오. 제가 도울 수 있는 일이라면 성심껏 돕겠습니다."

헬렌 양은 고개를 끄덕이며 차를 마셨다. 홈스는 그녀의 긴장을 풀어주기 위해 불쑥 한 마디 던졌다.

"오늘 아침 기차를 이용하여 이 곳에 오셨군요?"

"아니, 그걸 어떻게……."

"헬렌 양의 지갑 위에 빠져나온 왕복 기차표를 보고 알았어요. 게다가 드레스 끝단에 튄 진흙을 보고 작은 마차를 이용했구나 하는 생각도 했죠."

"맞아요! 기차에서 내려 이 곳까지 오는 데 마차를 잡을 수가 없어 곤란했는데 마침 이리로 오는 작은 마차가 있어 타게 됐죠."

그녀는 탄성을 지르며 놀라워했다.

"그럼 홈스 씨를 믿고 제 이야기를 시작하도록 하겠어요. 먼저 부모님 이야기부터 해야겠군요. 저의 어머니는 아버지가 세상을 떠나자, 새아버지인 지금의 그림즈비 로이로트 박사님과 결혼을 했어요. 새아버지는 로이로트 가문의 마지막 대를 잇고 있는 분이죠."

"로이로트 집안이라면 들은 적이 있어요."

"스톡 모란에 뿌리를 내리고 수백 년 동안 살아왔기 때문에 관심이 있는 사람들에겐 로이로트 집안은 낯선 이름이 아니죠."

헬렌은 로이로트 집안에 대해 설명을 해 주었다.

영국에서 로이로트 가문은 대대로 돈과 명예가 대단한 집안이었다. 그 명성이 몇 대에 걸쳐 이어져 내려오고 있었다.

하지만 후대로 갈수록 자손들이 재산 관리에 신경을 쓰지 않아 서서히 몰락했다.

결국 백 년 사이 그 많던 재산은 어디로 갔는지 사라져 버렸고, 그림즈비 로이로트 때는 달랑 오래된 집 한 채만 남게 되었다.

그림즈비 로이로트는 돈을 벌기 위해 의대를 진학하고 난 뒤 의사가 되었다.

결국 인도로 건너가 의사 생활을 하던 로이로트 박사는 그 곳에서 헬렌의 어머니를 만나게 되었다.

그 당시 헬렌의 어머니는 갑작스럽게 남편을 잃고 난 뒤 슬픔에 젖어 병이 들었었고, 로이로트 박사의 도움으로 기운을 차릴 수 있게 되었다.

얼마 뒤, 두 살 된 쌍둥이 딸들인 헬렌과 줄리아를 데리고 헬렌의 어머니는 로이로트 박사와 재혼을 하게 되었다.

그 당시 헬렌은 너무 어렸기 때문에 자세히 알지 못했지만, 어머니에게는 아버지가 남긴 만만치 않은 재산이 있었다는 걸 주변의 사람들에게 어렴풋이 들은 적이 있었다. 그리고 나중에 안 일이었지만 만약 어머니가 먼저 돌아가실 경우, 그 재산은 모두 로이로트 박사에게 준다는 유언장을 미리 만들어 놓았다는 사실도 알게 되었다.

그러나 여기에는 헬렌과 줄리아가 결혼할 때까지 돌봐 준다는 단서가 붙어 있었다.

인도에서 행복했던 어린 시절을 보낸 쌍둥이 자매는 영국으로 돌아오던 해에 어머니를 잃고 말았다.

슬픔에 젖어 있던 자매를 데리고 로이로트 박사는 자신이 살아왔던 스톡 모란으로 자리를 옮겼다.

자신의 어린 시절을 이야기하던 헬렌은 어머니가 새삼 생각이 나는지 눈가에 눈물이 어렸다.

"그럼 스톡 모란에서의 생활은 어땠나요?"

"어머니가 남긴 유산 때문에 스스로 돈을 벌어야 한다든지 하는 일은 없었어요. 하지만 새아버지는 집 안에 일하는 사람을 두지 않았기 때문에 집안일을 언니와 내가 번갈아 가며 해야 했어요."

"흠, 무척 고생스러웠겠군."

"게다가 새아버지는 이웃들과 사귀는 것을 몹시 싫어했어요."

"왜죠?"

"어머니가 살아 계실 땐 무척 다정한 분이셨는데, 어머니가 돌아가시고 나자 새아버지는 완전히 딴사람이 되었죠."

홈스는 헬렌의 이야기에 점점 더 흥미를 가지는 듯했다.

"그럼 이웃들과 다툼이 많았겠군요?"

"예, 상대방이 가만히 있어도 오히려 새아버지 쪽에서 일부러 싸움을 걸곤 했을 정도니까요. 한번은 마을 사람들과 심하게 싸운 적이 있었어요. 사실 별로 큰 문제도 아니었는데 새아버지는 이성을 잃고 상대편 사람을 마구 때리는 거였어요. 전 너무 놀라 그 사람이 죽는 것은 아닌가 걱정했을 정도였어요."

그녀는 지금도 소름이 돋는지 몸을 부르르 떨었다.

"그런 일이 있고 나서는 사람들이 로이로트 씨를 피해 다녔겠군요?"

"예, 말씀하신 대로예요. 새아버지뿐만 아니라 저희 자매에게도 말한 마디 건네오지 않았어요. 그나마 언니가 있었기에 외로운 생활을 견뎌낼 수 있었어요. 하지만 이제 언니도 죽고 없으니……."

헬렌은 복받쳐 오르는 눈물을 감추지 못하고 울기 시작했다.

"쌍둥이 언니가 죽었나요?"

"흑흑흑……."

그녀는 대답 대신 고개만 끄덕였다. 나는 안쓰러운 마음에 가지고 있던 손수건을 헬렌에게 내밀었다.

"진정하시고 눈물을 닦으세요."

"죄송합니다. 그만 언니 생각이 나서……."

겨우 눈물을 거둔 그녀는 다시 말을 이었다. 홈스는 헬렌의 언니 이야기를 그녀가 진정된 뒤에 다시 묻기로 하고 조금 전에 하던 이야기를 마저 했다.

"그럼 로이로트 씨에게는 찾아오는 친구가 전혀 없었나요?"

"아니오, 그렇지는 않아요. 집시가 있었어요."

"집시라뇨?"

"새아버지는 스톡 모란에 있는 자신 소유의 땅에 집시 무리들을 머물게 한 뒤, 일부러 그들의 텐트를 찾아가 이야기를 나누곤 했어요."

"흠, 집시와 친하게 지낸다? 그 외에 지내면서 뭐 무섭다거나 괴로운 일은 없었나요?"

헬렌은 기다렸다는 듯이 얼른 대답했다.

"사나운 치타와 비비가 온 집 안을 돌아다녔어요. 그럴 때면 나와 언니는 무서워 밖에 나가지도 못했죠."

"아니, 그런 짐승들을 끈으로 묶지도 않았단 말입니까?"

"예, 정원은 온통 치타와 비비 차지가 되었을 정도니까요."

나 역시 로이로트의 특이한 성격에 화가 치밀 정도였다. 홈스는 이제 헬렌의 언니에 대한 이야기를 조심스럽게 꺼냈다.

"마음을 터놓고 이야기할 수 있었던 쌍둥이 언니의 갑작스런 죽음으로 무척 상처가 크셨겠군요."

"그 때가 벌써 2년 전이에요."

"2년 전 일이라니요? 그럼 저를 찾아온 것은 언니의 죽음에 대한 것 때문이 아니로군요."

"그렇습니다. 제 일로 이렇게 찾아왔어요. 하지만 저 역시 언니와 비슷한 상황에 놓이게 되었어요."

그녀는 차분히 대답한 뒤, 하려던 말을 이었다.

"우선 언니의 죽음에 대한 이야기부터 말씀드리겠어요. 저와 언니에게 이 영국 땅에서 그래도 의지할 데라곤 외숙모밖에 없었죠. 조금 전에도 말씀드렸지만, 새아버지는 우리가 외출하는 것도 별로 좋아하지 않았어요. 하지만 외숙모 집에 다녀오는 것에 대해서는 그다지 반대하시지 않았죠."

"외숙모 집에는 자주 갔었나요?"

"자주 들르지는 않았지만 가게 되면 며칠씩 있다 오곤 했어요. 그런데 언제부터인가 언니는 외숙모 집에 드나들던 한 신사 분과 사랑에 빠졌죠. 그러다가 결국 서로간에 결혼 약속까지 하게 되었지요."

"로이로트 씨도 그 사실을 알았나요?"

헬렌은 내가 묻는 말에 고개를 끄덕였다.

"언니는 새아버지께 결혼할 사람이 생겼다고 솔직하게 말했어요."

"새아버지의 반응은 어땠나요?"

"저는 매우 반대할 거라고 생각했어요. 하지만 의외로, 새아버지는 찬성도 반대로 하지 않았어요. 단지 무언가를 골똘히 생각하는 눈치였죠."

그녀도 알 수 없다는 표정이었다.

"그 뒤 무슨 일이 일어났나요?"

"결혼 이야기가 오고간 뒤 2주일이 지난 어느 날, 언니는 갑자기 죽고 말았어요."

"벌써 2년의 세월이 흘렀지만 언니가 죽었을 그 당시의 상황을 좀 자세히 말해 줄 수 있어요?"

"제겐 아직도 그날 일이 생생해요."

홈스와 나는 몸을 곧게 펴고 바짝 다가앉았다.

"스톡 모란에 있는 새아버지의 집은 대대로 내려오던 집으로 매우 낡았어요. 하지만 집을 고칠 생각도 하지 않고 그냥 지냈죠. 낡은 건물의 1층은 우리들의 침실이 있는 곳이에요. 복도로 길게 이어져 있는데 첫 번째 방이 새아버지의 방이고, 언니가 그 다음 방이고, 내가 가장 끝에 있는 방을 쓰고 있었죠."

"방과 방끼리 통하는 문은 없었나요?"

"없었어요. 복도를 통해 다른 방으로 갈 수 있었죠. 사건이 나던 날밤, 새아버지는 평소보다 일찍 잠자리에 들었죠. 하지만 금세 잠이 들지 않았어요."

"로이로트 씨가 잠이 들지 않았다는 걸 어떻게 알 수 있죠?"

홈스는 궁금한 듯 물었다.

"담배 냄새 때문이었어요."

"헬렌 양의 방에까지 로이로트 씨의 담배 냄새가 났다는 말씀인가요?"

"아니, 저는 담배 냄새를 맡지 못했어요. 단지 언니가 제 방으로 오면서 말했던 것뿐이에요. 언니와 저는 늦게까지 여러 가지 이야기를 함께 나누었어요."

"언니의 결혼 이야기가 주로 오갔겠군요."

"예, 맞아요. 결혼할 신사 분에 대한 이야기를 한 뒤 언니는 그만 가서 자야겠다면서 자리에서 일어났어요. 막 내 방을 나가려던 언니는 고개를 돌려 내게 물었어요. 혹시 휘파람 소리를 들은 적이 없냐고 말이에요."

잠자코 듣고 있던 나는 헬렌의 말을 되받았다.

"휘파람 소리라고 했나요?"

"그래요. 언니는 매일 밤 새벽쯤에 휘파람 소리를 듣는다고 했어요. 언니는 저보다 예민한 편이라 작은 소리도 잘 듣는 편이죠."

"새벽 몇 시쯤인지 혹시 기억하고 있나요?"

"음, 3시쯤이라고 했던 것 같군요. 언니의 말이 바로 옆방에서 들리는 것 같다고 하면서 혹시 내가 부는 건 아닌가 하고 물었죠."

"그래서 뭐라고 대답했나요?"

"전 아마도 언니가 결혼 준비를 하느라 잠을 설쳤기 때문이라 생각했어요. 그래서 언니를 안심시켜 주려고 별소리 아닐 거라고 말했죠. 그래도 언니가 분명히 매일 밤 들린다고 하길래 집 밖에 있는 집시들이 장난삼아 한 짓이 틀림없다고 했어요."

홈스는 정확하게 확인하려는 뜻에서 헬렌에게 물었다.

"집시들이 휘파람 부는 것을 본 적이 있나요?"

"아니오. 전 휘파람 소리를 들은 적도 없는걸요. 하여간 잠시 후 자신의 방으로 돌아간 언니가 방문을 잠그는 소릴 들었어요."

"방문을 잠그다니요?"

"이상하게 들릴지 모르겠지만 언니와 나는 방문을 잠그는 것이 버릇이 됐어요."

"혹시 정원에 있던 집시들이 집 안으로 들어올까 봐 그런 건가요?"

"집시들은 나쁜 사람들은 아니에요. 비비와 치타 때문이었어요."

나와 홈스는 이해가 간다는 듯이 고개를 끄덕였다.

"하지만 언니가 건너간 뒤로 나는 잠이 오질 않았어요. 왠지 불안한 생각이 들기도 했어요."

"언니 때문인가요?"

"돌이켜 생각하니 아마 그랬던 것 같아요. 언니와 나는 쌍둥이 자매라 아플 때도 함께 앓고 불안함을 느낄 때도 비슷했거든요."

"그날 밤 무슨 일이 있었나요?"

"날씨가 별로 좋지 않아 좀 으스스했어요. 바람이 세게 불고 굵은 빗줄기가 창문에 세차게 내렸을 정도니까. 그런데 그 때 언니의 울부짖는 소리가 들려왔어요."

"확실히 언니의 목소리였나요?"

"예, 틀림없었어요. 전 침대의 이불을 밀어젖히고 언니의 방으로 뛰어갔어요. 그리고 방문을 마구 두드렸어요."

"혹시 그 때 이상한 소리를 듣지 못했나요?"

헬렌은 잠시 생각하는 눈치였다.

"아, 맞아요. 언니가 말한 것처럼 아주 희미한 휘파람 소리가 났어요. 조금 뒤에는 다시 철커덕하는 소리도 들려왔죠."

"그럼 언니는 그 때 어떻게 됐나요?"

"언니는 하얗게 질린 얼굴로 문을 열고 나왔어요. 저는 언니에게 무슨 일이냐고 소리쳐 물었어요. 하지만 언니는 저를 보자 복도 바닥에 쓰러져 버리고 말았어요."

홈스와 나는 헬렌 양의 말을 하나라도 놓칠세라 숨을 죽이며 듣고 있었다.

"언니는 아무 말도 하지 못했군."

"아니에요. 언니는 기절하면서도 내게 '얼룩 줄을……. 조심해!' 라는 말을 남겼어요. 그 말만을 겨우 남긴 채 언니는 그만 죽고 말았어요."

"얼룩 줄이라?"

홈스는 잠시 헬렌 양의 언니가 남긴 말을 중얼거렸다.

"언니가 들고 있던 증거물 같은 건 없었나요?"

"그 당시 손에는 촛불 하나만 들고 있었어요."

"촛불은 별로 단서가 될 만한 물건은 아닌데. 그 외에 사건의 열쇠가 될 만한 물건은 발견된 게 있나요?"

"제가 알기로는 없어요."

그녀가 확실하게 대답하자 홈스는 그 당시 사건을 처리했던 경찰들의 성과에 대해 자세하게 물었다.

"경찰들은 언니의 일을 아주 꼼꼼히 조사했어요. 하지만 창문은 밖에서 들어올 수 없을 정도로 튼튼하게 해 놓았기 때문에 누가 침입한 흔적은 발견되지 않았어요."

"그럼 현관문 쪽은 어떤가요?"

"새아버지는 문단속을 철저히 하는 편이라 일부러 열어놓지 않은 이상 안으로 들어올 수가 없어요. 결국 방문을 통해서만 언니의 방으로 들어갈 수 있었는데, 말씀드렸다시피 우리 자매는 늘 방문을 단단히 잠그고 잤어요."

"제 생각으로는 외부에서 침입한 흔적이 없다면 결국 내부인의 짓인데, 그럴 경우 누가 가장 유력한 용의자인지 경찰도 알 것 같군요."

헬렌 역시 홈스의 말에 동감을 표했다.

"말씀하신 대로 경찰에서도 처음엔 새아버지를 범인으로 생각했어요. 저도 한때는 그렇게 믿었어요. 하지만 아니었어요. 경찰은 아무런 증거를 찾을 수가 없었고, 새아버지 역시 화를 내며 자신이 한 짓이 아니라고 했어요."

"그럼 결국 범인을 찾지 못한 건가요?"

"그렇습니다. 누가 그런 짓을 했는지도 모를뿐더러 언니가 무슨 이유로 죽었는지조차도 알 수 없었어요."

나는 도무지 짐작가는 일이 없었다. 하지만 홈스는 몇 가지 안 되는 사건 설명만으로도 추리를 하는지 잠시 말이 없었다.

"그 뒤로 헬렌 양은 어떻게 지냈나요?"

"전 얼마 동안은 언니 생각으로 미칠 것 같았어요. 어머니가 새아버지께 맡겨 놓은 유산은 많았지만, 언니와 저는 많은 집안일을 하며 힘들게 살아왔어요. 그러다가 뒤늦게 좋아하는 사람을 만나 행복한 결혼을 하려는 찰나 이런 험한 꼴을 보고 말았다는 생각에 괴로워하며 잠을 이루지 못했어요."

"새아버지를 원망했겠군요?"

"그 당시는 새아버지보다 언니를 죽인 범인을 증오했어요. 저는 혼자 언니를 죽인 사람을 반드시 찾아내고야 말겠다고 결심을 하기도 했어요. 하지만 도무지 알 수가 없었죠. 새아버지는 언니의 죽음을 슬퍼하다가 다시 일상의 생활로 돌아가셨죠."

그녀는 2년 전의 일을 바로 얼마 전에 일어난 일처럼 제법 자세히 기억하고 있었다.

'외롭고 기가 막혀서 언니의 죽음이 더 잊혀지지 않았을 거야.'

하지만 헬렌의 얼굴은 점점 밝아지며 자신의 이야기를 시작했다.

"하지만 늘 어둡기만 한 제게 얼마 전 작은 행복이 찾아왔어요."

"사랑하는 사람이 생긴 모양이로군."

나는 지레 짐작으로 이렇게 중얼거렸다.

"맞아요. 저의 집 근처에 살고 있는 퍼시 아미티지라는 분이 제게 관심을 보였어요. 언니를 잃은 뒤로 늘 우울하게 지내던 제가 안쓰러웠다고 하더군요. 전 처음엔 동정심이겠지 생각하며 별관심을 보이지 않았어요. 하지만 하루 이틀 그분을 만나며 생각이 달라졌어요. 정말 따뜻한 마음을 가진 분이라는 것을 알았어요."

"그 사람과 결혼하기로 마음먹었나요?"

"예, 이번에 그분을 놓치면 안 된다는 생각이 절 사로잡았죠. 그래서 봄이 되면 결혼식을 올리기로 약속했어요."

"새아버지인 로이로트 씨는 헬렌 양의 결혼을 어떻게 생각하나요?"

"썩 좋아한 편은 아니었지만 그렇다고 반대를 하고 나서진 않았어요. 저는 새아버지가 승낙하는 걸로 믿고 있어요. 그런데 뜻하지 않은 일이 생겼어요."

굳은 얼굴이 된 헬렌 양은 다시 이야기를 시작했다.

"제가 여기 오기 이틀 전이었어요. 새아버지가 제 방으로 오셔서 당분간 언니가 쓰던 방으로 옮기라고 했어요."

"왜 언니가 쓰던 방으로 가기를 바라시는 건가요?"

"이유는 제 방의 벽에 페인트 칠을 새로 해야 한다는 거예요."

홈스는 이상하다는 듯이 고개를 갸웃거렸다.

"그 전에도 그런 일이 있었나요?"

"아니, 없었어요. 새아버지는 방을 새로 칠한다거나 꾸미는 일을 별로 좋아하지 않았어요. 저는 이상한 생각이 들었지만 곧 언니의 방으로 옮겨갔어요."

"언니의 방에서 지내면서 이상한 일은 없었나요?"

"아……."

헬렌 양은 무언지 무서운 일을 겪은 듯 얼굴을 감쌌다.

"자, 진정하시고 말씀해 보세요."

"언니가 죽기 전에 말한 적이 있던 휘파람 소리가 나지막하게 들려왔어요. 분명 휘파람 소리였어요."

"무척 겁이 났겠군요."

"예, 마치 언니가 살아 있는 것 같은 느낌이었어요. 저는 얼른 불을 밝히고 방 안을 이리저리 둘러봤지만 아무것도 보이지 않았어요."

홈스는 무슨 생각이 났는지 급하게 물었다.

"혹시 불을 켰을 때도 휘파람 소리가 들렸나요?"

"글쎄, 잘 생각이 나지 않는군요."

"잘 생각해 보세요."

"맞아요. 불을 켰을 때는 휘파람 소리가 들리지 않았던 것 같아요."

"그렇다면 잠을 깬 뒤로 밤새 한잠도 못 잤겠군요?"

"예, 날이 밝기를 기다려 곧바로 홈스 씨를 찾아온 겁니다. 제발 저를 도와주세요. 제 생각인지는 모르겠지만 분명 언니와 비슷한 죽음을 당할 것 같은 불길한 예감이 온통 저를 감싸고 있어요."

이 곳을 찾았을 때처럼 그녀는 다시 온몸을 떨며 두려워했다. 홈스는 곧 그녀를 진정시키며 위로의 말을 해 주었다.

"걱정하지 마십시오. 제가 헬렌 양의 곁에서 도와주도록 하겠어요. 먼저 댁으로 돌아가 계시면 곧 뒤따라 출발하겠어요."

"정말이세요?"

"그래요. 그러니 로이로트 씨가 눈치채지 않도록 어서 집으로 돌아가 계십시오."

"시키는 대로 하겠어요. 그럼 언제쯤 스톡 모란으로 와 주시겠어요?"

헬렌 양은 확실한 다짐을 받아 두려는 눈치였다.

"로이로트 씨는 언제쯤 집으로 돌아오나요?"

"오늘은 아마 저녁 늦게 들어오실 거예요."

"그럼, 우리는 오후쯤에 도착하는 걸로 알고 계세요."

"꼭 와 주시는 걸로 믿고 그만 일어서겠어요."

비로소 안심이 된다는 듯이 그녀는 허리를 숙여 정중히 인사를 하고 돌아갔다.

그녀가 가고 난 뒤, 홈스는 대뜸 나에게 물었다.

"이 사건을 어떻게 생각하나?"

"아무런 단서가 잡히지 않네. 자네는 어떤가?"

물론 홈스는 어느 정도 추측을 하고 있으리란 생각이 들었다.

"단서가 전혀 없는 것은 아닐세. 헬렌의 언니 줄리아가 죽으면서 남긴 말이 있질 않나?"

"아, 얼룩 줄 말인가?"

"그래, 그게 가장 큰 단서가 될 걸세. 그 외에도 휘파람 소리와 헬렌 양이 언니의 방으로 달려가면서 들었다고 했던 철커덕 소리도 분명히 사건의 열쇠가 될 거야."

"자네 말을 듣고 보니 그럴 듯하군. 그럼 자네는 몇 가지 단서들이 무엇을 뜻하는지도 대강 짐작하고 있겠군?"

나는 내친 김에 홈스가 어떻게 생각하고 있는지 궁금해 물었다.

"흠, 현장에 가서 확인해 봐야 하겠지만 우선 얼룩 줄이라는 것은 집시가 가진 특이한 것 중에 하나가 아닐까 하는 생각이 드네."

"그럼 휘파람 소리 역시 집시가 한 짓이라고 생각하나?"

"그래."

"그럼 헬렌 양이 들은 철커덕 소리는 무슨 소린가?"

"잘은 모르겠지만 현재로서는 아마 창문을 열려고 비틀 때 난 소리가 아닐까 하고 생각하고 있네."

홈스의 말은 일리가 있었지만 뭔가 부족한 듯했다.

"내가 말한 것은 단지 추측일 뿐일세. 아직 몇 가지 더 조사를 해야 하겠고, 사건 현장을 가 봐야 알 수 있어."

"휴, 그럼 그 문제는 스톡 모란에 가서 좀더 알아보기로 하고 우선 아침식사부터 해야겠어. 난 배가 몹시 고픈걸."

"하하하, 자네 말을 듣고 보니 나 역시 배가 고프군."

나는 서둘러 아침식사를 준비하여 홈스와 허겁지겁 먹었다. 홈스는 식사를 마친 뒤 외출 준비를 했다.

"어디 가려는 건가?"

"스톡 모란으로 떠나기 전에 이번 일에 대해 뭔가 조사해 두어야 할 일이 있어. 점심때까지는 돌아오겠네."

홈스는 나간 뒤, 한참 만에 환한 얼굴로 돌아왔다.

'흠, 나갔던 일이 잘된 모양이로군.'

나는 홈스의 표정만 봐도 대강 알 수가 있었다.

"뭘 좀 알아낸 게 있나?"

"돌아다닌 보람이 있었네. 여기 유언장을 좀 보게."

홈스가 내민 서류에는 농작물 가격과 함께 연간 수입액이 숫자로 적혀 있었다.

"이게 뭔가?"

"헬렌 양 어머니의 유언장일세. 물론 원본을 복사한 것이네. 로이로트 박사의 아내이기도 한 그녀의 연간 수입액은 천 파운드가 훨씬 넘었어. 하지만 지금은 농작물 가격이 갑자기 떨어지는 바람에 900파운드 정도지."

"그럼 그 유산은 모두 로이로트의 차지란 말인가?"

"아니, 그렇지 않아. 헬렌 양과 줄리아 양이 결혼을 하게 된다면 각각 300파운드씩 나누어 줄 것을 써놓았어. 하지만 두 딸이 결혼 전에 죽어버린다면 재산은 로이로트의 차지가 되지. 왓슨, 이쯤에서 무슨 생각이 드나?"

"자네와 똑같은 생각을 하고 있네."

"직접 말해 보게."

"유산에 욕심이 많은 자라면 아내가 데리고 온 두 딸이 죽기를 바라겠지. 그래야만 아내가 남긴 재산이 모두 자신의 것이 될 테니."
"맞았어. 나도 그렇게 생각했어."

홈스는 다시 유언장을 가방에 집어넣은 뒤, 내게 곧 스톡 모란으로 출발할 준비를 하라고 했다. 우리는 워털루 역에 나가 기차를 타고 레더헤드 역에 도착했다.

"자, 여기서 스톡 모란까지는 마차를 이용하세."

"마침 저기 마차 한 대가 오는군."

마차를 타고 얼마 뒤 스톡 모란에 도착했다. 로이로트 댁은 쉽게 찾을 수 있었다.

게다가 헬렌이 저택 입구까지 나와 우리를 맞아 주었다.

"아, 와 주셨군요."

"이 곳에서 오래 기다리셨나 보군요."

"예, 혹시나 오시지 않을지도 모른다는 초조한 마음에 몇 시간 전부터 현관에 나와 기다리고 있었어요."

로이로트 가문의 오랜 역사를 말해 주듯 저택은 낡고 허름해 보였다.

"안으로 들어가시지요."

"로이로트 씨는 아직 돌아오시지 않았나요?"

"예, 말씀드린 대로 저녁 늦게나 돌아오신다고 했어요."

홈스와 나는 마음놓고 집을 구경할 수 있었다. 만약 로이로트 씨가 집에 있었다면 어림도 없는 일이었다. 홈스는 우선 헬렌 양의 방 창문이 있는 집의 바깥부터 살폈다.

"헬렌 양, 먼저 방으로 들어가서 창문을 잠가 주시겠소?"

"그렇게 하죠."

자신의 방으로 들어간 그녀가 곧 창문을 잠그는 소리가 들려왔다.

"왓슨, 여기서 기다리게."

홈스는 헬렌 양의 창문을 비틀어 열고 안으로 들어가려고 기를 썼다. 하지만 안에서 잠근 창문은 꿈쩍도 하지 않았다.

"휴, 안 되겠어."

"이번엔 내가 해 볼게."

나는 혹시나 하는 생각으로 헬렌 양의 창문을 힘껏 열어 보려고 했다.

하지만 나 역시 홈스와 마찬가지로 헛일이었다.

"이젠 집 안으로 들어가 보세."

홈스는 문을 두드려 집 안으로 들어갔다. 곧 헬렌 양의 안내를 받아 줄리아가 썼던 방으로 들어갔다.

"여기가 언니가 지내던 곳이에요."

"혼자 쓰기에도 그리 넓지 않은 방이군."

줄리아의 방은 홈스의 말처럼 좁고 천장마저 낮아 갑갑해 보였다. 방 안을 휘 둘러보던 홈스는 무얼 발견한 듯 소리쳤다.

"이건 무슨 줄이오?"

"아, 그건 방에서 일하는 사람을 부르기 위해 매달아 놓은 초인종 줄이에요. 아직 한 번도 써 본 적은 없지만."

"누가 만들었나요?"

"새아버지가 우리들을 위해 매달아 놓았어요."

홈스는 번쩍 머릿속을 스치는 것이 있었다.

"혹시 언제 이 줄을 만들었는지 기억이 나십니까?"

"물론, 기억하고 있어요. 언니가 죽었을 즈음이니까 2년 전이에요."

고개를 끄덕이던 홈스는 천장에 달린 초인종 줄을 살짝 당겨 보았다.

"이런, 아무 소리도 나지 않잖아."

"그래? 다시 한 번 힘껏 당겨 보지 그래."

내 말에 홈스는 다시 한번 해 보았으나 역시 마찬가지였다. 그제야 홈스는 초인종 줄이 매달린 곳을 자세히 살펴보았다.

"저길 보게. 이 줄은 천장에 구멍이 난 곳 옆의 못에 걸려 있을 뿐이야."

"무슨 소린가? 그럼 이 줄은 일하는 사람이 있는 곳과 연결이 되어 있지 않단 말이군. 그럼 왜 쓸모도 없는 줄을 매달아 놓은 걸까?"

"흠, 저 구멍은 다른 방과 통해 있는 게 틀림없어. 자, 이제 로이로트 씨의 방으로 가서 조사를 해 볼까?"

"가세."

헬렌을 앞장세우고 우리는 로이로트 씨의 방으로 옮겨 왔다.

"여기도 살림살이가 무척 간소하군. 접는 침대에 의자가 달랑 한 개, 그리고 어울릴 것 같지 않은 커다란 금고라?"

"한 가지 더 있네. 금고 위에 먹다 남은 우유 접시가 놓여 있지."

"하하하, 그런가?"

홈스는 몇 개 안 되는 물건들을 자세히 살폈다. 그 중에서도 금고에 관심이 많은 듯 이리저리 만져 보았다.

"헬렌 양, 이 안에 뭐가 들었나요?"

"자세히는 모르겠지만 아마 몇 가지 중요한 서류가 든 걸로 알고 있어요."

"서류라?"

"왜 의심되는 일이라도 있나요?"

"우선 조금 전 왓슨이 말한 이 접시를 보세요."

홈스는 금고 한쪽에 놓여 있던 접시를 집어 그녀에게 내밀었다.

"우유가 담긴 접시로군요."

"이 정도의 양은 고양이처럼 작은 동물이 먹을 양이지요. 혹시 로이 로트 박사께서 애완용 고양이나 개를 키우고 있지는 않나요?"

"없어요. 치타와 비비 외에는 집에서 키우는 동물은 없어요."

"치타와 비비는 이 정도의 양의 우유로는 턱없이 모자라죠. 흠, 아주 흥미로운걸."

무슨 생각이 났는지 홈스는 방 안을 샅샅이 뒤졌다.

"여기 또 뭔가 있군."

홈스가 찾아낸 물건은 돌돌 말려 있는 작은 채찍이었다.

"그건 개를 훈련할 때 쓰는 채찍 아닌가?"

"맞아, 그런데 크기가 이렇게 작은 걸 보니 역시 작은 동물을 길들일 때 썼던 것 같군. 그렇다면……."

"왜 짚이는 거라도 있나?"

심각한 표정의 홈스를 바라다보던 나는 궁금했다.

"아직 자네에게 말할 단계는 아니야. 좀더 알아본 뒤로 이야기해 주 겠네. 헬렌 양, 이제 그만 나갑시다."

"마침 새아버지가 돌아오실 시간도 얼마 남지 않았어요."

헬렌 양과 정원으로 나온 홈스는 그녀에게 단단히 주의를 주었다.

"제 말을 명심해서 듣기 바랍니다."

"이제 제 운명은 홈스 씨의 손에 달린 거나 마찬가지입니다. 당신이 시키는 대로 따르겠어요."

"짐작했던 대로 이번 일은 헬렌 양의 목숨이 걸린 문제예요. 왓슨과 나는 저택 길 건너에 보이는 여관에 방을 잡도록 하겠어요. 당신은 로이로트 박사가 시키는 대로 언니가 사용했던 방으로 들어가세요."

"아, 그 소름끼치는 방에 다시 가란 말씀인가요?"

헬렌 양은 고개를 가로 흔들었다.

"아닙니다. 제 얘기를 끝까지 들어 보세요. 방에 들어가 있는 척하라는 얘깁니다. 그리고 나서 로이로트 박사가 잠자리에 드는 소리가 들려오면 재빨리 창문을 열어 신호를 보내세요."

"신호를 어떻게 보내죠?"

"가지고 있던 손전등 정도로 한두 번 흔드세요."

"그런 다음은?"

"당신이 해야 할 일은 끝난 겁니다. 신호를 받은 우리들이 여관을 나와 곧장 이 저택으로 오겠어요. 그런 다음 언니의 방으로 들어가서 헬렌 양 대신 밤을 보내겠어요."

"아, 저 때문에 당신들이 위험해져서는 안 돼요."

헬렌 양은 무척 괴로운 표정이었다.

"걱정하지 마십시오. 이미 짐작한 바가 있으니, 넋 놓고 범인에게 당하진 않을 겁니다."

"그렇다면 조금 안심이 됩니다만……."

"이제 그만 가 봐야겠군요."

"잠깐 한 가지만 더 묻겠어요. 언니가 누군가에게 죽임을 당한 게 분명한가요?"

"아직 확실하게 대답할 순 없지만 제 생각으로는 범인이 교묘한 방법으로 줄리아 양을 죽인 것 같습니다."

"그렇군요. 언니를 죽이고는 오늘 밤에는 저까지 죽이려고……."

홈스는 두려움에 떠는 헬렌 양을 겨우 진정시키고 저택을 나왔다.

"자, 우리는 저기 보이는 여관으로 가서 이 저택이 제일 잘 보이는 곳에다가 방을 잡도록 하세."

"휴, 난 아직도 뭐가 뭔지 모르겠어."

로이로트 박사의 저택 길 맞은편 여관에 도착한 우리는 조금 이른 저녁식사를 했다.

"저택의 주인이 언제 돌아올지 모르니 먼저 저녁을 먹도록 하세."

"자네 헬렌 양 대신 언니 방에 들어가서 뭘 하려는 셈인가?"

"하하하, 몹시 궁금한가 보군. 이번 범인은 사람이 아닐지도 몰라."

"뭐라고?"

나는 깜짝 놀라 하마터면 들고 있던 포크를 떨어뜨릴 뻔했다.

"물론 사악한 사람이 시킨 짓이겠지만 말이야."

"궁금하네. 좀더 자세히 말해 보게."

"나도 더 이상은 뭐라고 이야기해 줄 게 없네. 하지만 오늘 밤엔 범인의 정체가 드러날 테니 기대해도 좋아."

홈스는 더 이상 대답을 하지 않고 식사를 했다. 나도 홈스의 성격을 잘 아는지라 더 캐물으려 하지 않았다.

식사를 끝낸 우리들은 그 뒤부터 줄곧 로이로트 박사가 돌아오기만을 기다렸다.

"저기 웬 중년의 남자가 저택 앞 현관에 서 있어."

"그래? 드디어 로이로트 박사가 돌아왔나 보군."

우리의 짐작대로 그 신사는 다름 아닌 로이로트 박사였다.

"왜 어서 문을 열지 않는 거야? 어디다 정신을 두고 다니는지 원……."

로이로트 박사가 어린 하인쯤 되어 보이는 소년에게 마구 소리를 지르며 혼을 내 주는 소리가 들려왔다.

"지금 몇 신가?"

"정확히 7시 반이야."

"지금 집 안으로 들어갔으니 조금 더 기다려야겠군."

홈스와 나는 이제나저제나 하면서 로이로트 박사가 잠자리에 들기만을 기다렸다.

"어때, 집 안의 불은 다 꺼졌나?"

"아니, 몇 군데는 꺼졌지만 아직 로이로트 박사의 창문에도 불이 켜져 있네."

지루한 시간이 지나 9시가 되었다.

"홈스, 이리 와 보게."

"아, 드디어 집 안이 어두컴컴할 정도로 고요하군."

드디어 로이로트 박사 집 안의 불이 모두 꺼졌다.

"자, 그럼 슬슬 저택으로 가 보세."

"왓슨, 아직 안 돼."

"왜 그런가?"

"헬렌 양의 불빛 신호가 없었지 않았나?"

"아참, 그렇지. 헬렌 양이 로이로트 박사가 잠자리에 든 것을 확인한 뒤에 신호를 보내면 우리가 움직이기로 했지."

다시 마냥 기다리고 있던 나는 졸음에 겨워 꾸벅꾸벅 졸기 시작했다.

"안 되겠군. 지금부터는 번갈아 가면서 줄리아 양의 창문을 지켜보기로 하고 잠을 조금 자 두기로 하세."

"아함, 그렇게 하는 게 좋을 것 같군."

나는 침대로 가 눈을 붙였다. 얼마를 잤을까 누군가가 내 어깨를 흔들어 깨우는 바람에 눈을 떴다.

"이봐, 왓슨. 드디어 신호가 왔어."

"신호?"

잠결에 일어난 나는 홈스가 무슨 말을 하는지 알아듣지 못했다.

"로이로트 박사가 드디어 잠자리에 든 모양이야. 어서 저택으로 갈 준비를 서두르게."

"알겠네. 그런데 지금 몇 시쯤 됐나?"

"아마 11시가 넘었을 걸세."

"뭐? 2시간도 넘게 잤군. 그 동안 자네 혼자 망을 봤단 말인가?"

"자네가 하도 곤히 자고 있길래 깨울 수가 없었어. 왓슨, 혹시 필요할지도 모르니 작은 지팡이 한 개를 준비해 주게."

나는 미안한 마음이 들어 서둘러 여관 밖으로 그를 따라 나섰다.

"어유, 날씨가 몹시 춥군."

한밤중의 차가운 날씨가 얼굴을 스쳤다.

"자, 저리로 가세."

"내가 먼저 담을 넘을 테니 곧 따라오게."

저택의 낡은 돌벽을 간신히 기어오른 우리들은 낮에 봐 두었던 길을 찾아 곧장 줄리아의 방 가까이 다가갔다.

"저기, 내가 시킨 대로 헬렌 양이 언니의 방 창문을 열어 두었군."

"내가 뒤를 받쳐 줄 테니 어서 올라가게."

"조심하게. 잘못해서 넘어져 소리라도 나는 날엔 모든 일이 허사로 돌아갈지도 모르니까 말이야."

우리는 옆방에 잠들어 있는 로이로트 박사가 깰까 봐 조심조심하면서 창문으로 숨어 들어갔다. 홈스는 줄리아의 방에 들어가자 나지막한 소리로 말했다.

"자, 이 근처에 촛불이 있을 거야."

"여기 있네."

홈스는 촛불을 밝힌 뒤, 잠시 방 안을 둘러보더니 곧 불을 껐다.

"촛불 정도는 켜 두어도 되지 않을까?"

"아니야. 천장에 난 공기 구멍으로 작은 불빛이라도 새어 나갈 수 있어. 지금까지는 이 방 안에 별로 위험한 물건이 있는 것 같지 않아."

나는 품 안에 넣어 두었던 총을 손으로 만져 확인했다. 다시 무작정 기다리며 시간을 보내야 했다.

"언제 일이 벌어질지 모르네. 긴장을 풀었다간 생명을 잃을지도 몰라."

"이번엔 자네가 침대에 누워 눈 좀 붙이게. 내가 이상한 낌새가 나타나면 금방 자네를 깨울 테니까."

"안 돼. 잠든 순간 죽을 수도 있어."

홈스의 바싹 긴장한 말투에 불안감이 느껴졌다. 이 곳에 들어온 지 한 시간이 흘렀다. 사방이 조용한 가운데 말도 제대로 나누지 못하면서 시간을 보낸다는 것은 참으로 고역이었다. 게다가 쏟아지는 졸음은 어쩌지 못할 정도였다.

'홈스가 나보다 훨씬 피곤할 텐데. 꼿꼿이 앉아 잘도 참아내고 있군.'

나는 홈스를 보면서 이 상황을 견뎌내고 있었다. 다시 몇 시간이 흘렀다.

홈스가 부스럭거리는 소리가 들려왔다.

"왓슨, 저기 천장 위를 봐."

"어디선가 빛이 들어오고 있군."

줄리아의 방을 찾았을 때 보아 두었던 초인종 줄이 달려 있던 그 구멍에서 나오는 불빛이었다.

하지만 잠시 후, 빛은 보이지 않았다.

"스으윽, 스으윽!"

아주 작은 소리였지만 분명 무슨 소리가 들려왔다. 마치 발소리 없이 옷깃을 복도에 끌고 지나가는 소리 같았다.

"자네도 들었지?"

"희미한 소리지만 온몸에 소름이 끼칠 정도야."

"얼른 침대 곁에 두었던 지팡이를 내게 줘!"

홈스는 얼른 성냥을 켜 들었다. 그리고 내가 건네 준 작은 지팡이로 재빨리 무언가를 내리쳤다.

"탁!"

홈스는 마치 차가운 얼음이라도 되어버린 것처럼 그 자리에 가만히 서 있었다. 가까이 다가간 나는 홈스의 어깨를 살짝 건드렸다.

"홈스, 정신 차리게."

"아, 왓슨이로군. 자네도 봤지?"

"뭘 말인가?"

나는 아무것도 본 게 없었다.

"아악……!"

그 때였다. 가까이에서 찢어지는 듯한 사람의 비명 소리가 들려왔다.

"무슨 소리지? 혹시 헬렌 양이 무슨 일을 당한 건 아닐까?"

"염려 말게. 헬렌 양은 괜찮을 거야. 그보다 어서 로이로트 박사의 방으로 가 보세."

나중에 안 일이었지만 그 때의 비명 소리는 마을 사람들이 거의 다 들었을 정도로 처참했다고 한다.

홈스와 나는 줄리아의 방을 나와 다시 로이로트의 방으로 갔다.

"앗! 저럴 수가?"

"흠, 예상했던 대로군."

로이로트는 무언가에 목이 친친 감겨 두 눈을 부릅뜬 채로 죽어 있었고, 그 무릎 위에는 작은 채찍이 놓여져 있었다. 게다가 금고 안은 활짝 열려 있었는데, 특별한 물건이 들어 있던 것 같지는 않았다.

"저건 뭐지?"

"로이로트 박사의 목에 감긴 얼룩 줄이 바로 이 사건의 범인일세."

"저 얼룩 무늬 줄이 범인이라니?"

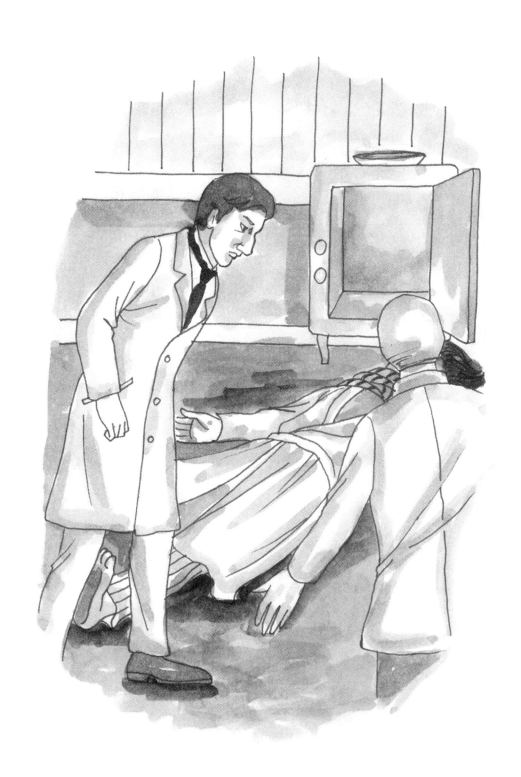

홈스는 천천히 로이로트 박사의 곁으로 다가가 얼룩 줄을 지팡이로 살짝 건드렸다.

그러자 그 얼룩 줄이 스르르 움직이기 시작했다.

"원 세상에! 살아 있잖아."

"저건 인도에서도 유명한, 독을 가진 늪뱀이야."

마치 얼룩 줄 같은 독뱀은 머리를 빳빳이 치켜들고 혀를 날름거렸다.

"여기서 기다리게. 아직도 뱀이 성이 많이 나 있는 상태야."

"뭘 하려고 그러나?"

"뱀을 금고 안에 도로 집어 넣어야 하지 않겠나?"

"위험하네. 사람을 부르도록 하세."

하지만 홈스는 자신 있다는 듯 채찍을 들어 뱀의 머리를 낚아챘다. 그리고 다시 원래 있던 곳인 금고 속으로 던져 넣었다.

"왓슨, 어서 금고 문을 잠그게."

막 금고 문을 잠그고 있을 때, 헬렌 양이 방으로 들어섰다.

"아, 끔찍해."

"헬렌 양, 저리로 갑시다."

홈스는 두려움에 떨고 있는 헬렌 양을 데리고 로이로트 박사의 방을 나갔다.

나 역시 그 곳에 오래 머물고 싶지 않았다.

잠시 후, 겨우 마음을 진정시킨 헬렌 양이 홈스에게 물었다.

"어떻게 된 일인지 말씀해 주세요."

"사실 이 집에 와서 줄리아의 방에 있던 초인종 줄을 잡아당겨 보고 뭔가 심상치 않다는 것을 알게 됐죠. 줄 위에 있던 공기 구멍도 다른 방에 연결되어 있지 않을까 하는 의심도 들었어요."

홈스는 잠시 머리를 뒤로 넘기고는 말을 이었다.

"공기 구멍이 다른 방으로 이어져 있지 않을까 했던 것은 언니 줄리아가 담배 냄새가 난다고 했기 때문이죠. 분명 구멍을 통해 이어진 가까운 방에서 누군가가 담배를 피웠다는 것을 어렵지 않게 추측할 수 있었죠."

"그럼 얼룩 무늬 뱀이 언니를 죽인 범인이라는 것은 어떻게 알았죠?"

"아마 기억날 겁니다. 로이로트가 외출한 사이 저와 함께 박사의 방을 둘러보다가 발견한 작은 접시의 우유 말입니다."

"물론이에요. 아, 그럼 그게 바로 뱀의 먹이였군요."

홈스는 대답 대신 고개를 끄덕였다.

"방 안에서 찾아낸 작은 채찍 역시 뱀을 훈련할 때 쓰는 도구였죠."

그 동안 내 나름대로 궁금했던 일을 홈스에게 물었다.

"그럼 도대체 어떻게 뱀이 줄리아의 방으로 들어올 수 있었던 거지?"

"바로 초인종 줄이 뱀이 다니는 길이라고 할 수 있지. 로이로트 박사는 오랜 동안 뱀을 금고 속에 넣어 두고 훈련을 시켜 왔던 거야."

"세상에!"

물론 로이로트 박사는 헬렌과 줄리아에게 넘어갈 재산마저 탐이 나서 그런 짓을 눈치채지 않게 꾸며왔을 것이다.

"그럼 헬렌 양도 들었다는 그 휘파람 소리는 무엇인가?"

"그건 당연히 로이로트 박사가 분 소리지."

"아, 알겠네. 뱀에게 신호를 보낸 거로군. 이를테면 휘파람 소리가 나면 뱀은 얼른 로이로트 씨의 방으로 돌아가도록 말이야."

"그랬군."

그러자 헬렌 양도 언니가 죽었을 당시 들었던 소리에 대해 물었다.

"줄리아 언니가 비명을 지르는 것을 듣고 제가 부리나케 달려갔을 때 복도 근처에서 들었던 철커덕 소리는 무슨 소리였나요?"

"바로 금고 문을 닫는 소리입니다. 잘 훈련된 뱀이 언니를 물고 다시 로이로트 박사의 방으로 돌아가자, 박사는 증거를 남기지 않기 위해 서둘러 금고 문을 열고 뱀을 집어 넣은 뒤 금고 문을 닫았죠."

"아아……. 그런 무서운 짓을……."

헬렌 양은 언니의 일이 떠오르자 괴로워했다.

"그 뒤로 로이로트 박사는 다시 헬렌 양이 결혼을 한다고 하자, 그녀를 죽이려고 계획을 세웠던 게로군."

"왓슨, 자네 말이 맞아. 그래야만 모든 재산이 완전히 자기 것이 될 수 있을 테니까 말이야. 헬렌 양이 우리를 찾아오던 날 전날 밤에 들었다던 휘파람 소리도 뱀을 훈련시키기 위한 소리였지."

"자네는 왜 조금 전에 줄리아의 방으로 내려왔던 뱀을 그 자리에서 죽이지 않았나?"

홈스는 내 질문에 당황하는 눈치였다.

"솔직히 말하자면 좀 무섭기도 했지. 하지만 사실 뱀이 다시 로이로트의 방으로 돌아가 주인을 물 줄은 몰랐지."

"결국 자네가 내리친 막대기에 맞은 뱀이 독이 무척이나 올라 있었던 게로군."

"그럴 거야. 내게 세게 얻어맞은 뱀이 흥분된 상태로 다시 돌아가 제 주인을 알아보지 못하고 죽이고 만 거지."

"결국 자네가 로이로트 씨에게 대단한 벌을 내린 셈이 됐군."

나는 홈스가 어떻게 나오리라는 것을 잘 알고 있었다. 예상대로 그는 여유롭게 파이프를 집어 들고 담배를 피웠다.

"왓슨, 너무 나를 몰아세우지 말게. 죄를 지은 사람이 스스로 파놓은 무덤일 뿐이었어. 난 옆에서 지켜봤을 뿐이고."

"역시 자네답군."

우리는 곧 몹시 지쳐 보이는 헬렌 양을 편히 쉴 수 있도록 외숙모의 집으로 데려다 주었다.

그리고 경찰에 로이로트 박사의 죽음을 알렸다.

"흠, 목이 졸려서 죽었군."

홈스는 사건에 대해 대강 설명할 뿐이었다. 우리는 사건이 마무리되자 그 곳을 떠나 베이커 거리로 돌아왔다.

작품 알아보기
(단편문학)

〈**명탐정 홈스**〉에 실린 작품들은 모두 탐정 소설, 즉 추리 소설이다. 추리 소설이란, 범죄적 사건의 수사를 주된 내용으로 하고, 사건을 탐정·추리하여 해결하는 과정에 흥미의 중점을 두는 소설을 말한다.

코난 도일의 추리 소설에는 몇 가지 특징이 있다.

즉, 작품마다 홈스라는 명탐정이 등장하며, 사건 발단의 기괴성, 스릴과 서스펜스, 명쾌한 논리, 결말의 의외성, 이야기를 관통하는 정의감 등을 분명하게 나타낸다.

예를 들면, 마스그래브 가의 '의식문'을 풀어 내는 홈스의 추리력, '사라진 나폴레옹 흉상'의 전편에 흐르는 트릭(속임수), 벌스턴 성의 살인 사건을 풀어 나가는 기발한 추리력, '흡혈귀'로 오인받은 퍼거슨 부인을 구해 내는 날카로운 직관과 주도면밀함, '얼룩 줄'에서 재산 때문에 의붓딸을 죽이려는 비정한 사나이를 그 스스로 죽게 만드는 정의롭고 명쾌한 해법 등은, 독자로 하여금 한번 책을 손에 들면 눈을 떼지 못하게 하는 마력을 지니고 있다.

스코틀랜드의 에든버러에서 태어난 코난 도일은, 처음엔 의사였으나, 돈이 잘 벌리지 않자 작가로 직업을 바꾸었다.

작품 알아보기
(단편문학)

첫 작품은 〈주홍색의 연구〉였으며, 〈명탐정 셜록 홈스〉를 써서 하루 아침에 인기 작가가 되었다.

수많은 독자들이 홈스의 모험을 지켜보고 놀라운 이성과 관찰력을 이용하여 범죄를 풀어내는 능력에 찬사를 보냈다. 1893년 코난 도일은 홈스가 살해된 이야기 한 편을 썼다. 그러자 독자들은 코난 도일에게 홈스가 다시 살아나는 이야기를 쓰라고 성화를 부렸다고 한다.

평론가 크리스토퍼 몰리는 홈스를 두고 '독자들에게 그렇게 매력적이고 현실적으로 다가오는 인물은 어떤 소설에서도 찾아볼 수 없었다'며 찬사를 아끼지 않았다.

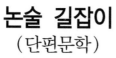

논술 길잡이
(단편문학)

❶ 다음 그림은 〈마스그래브 가의 비밀〉에서, 홈스와 마스그래브가 지하실 입구 바닥에 있는 돌문과, 거기에 매인 블랜틴의 목수건을 발견한 장면이다. 이 단서들의 중요성에 대해 써 보자.

....

....

....

....

논술 길잡이
(단편문학)

❷ 다음 등장 인물들의 말과 행동을 통하여 각자의 성격을 파악해 보고, 그 근거를 찾아 써 보자.

등장 인물	성 격	근거(말이나 행동)
셜록 홈스		
왓슨 박사		
블 랜 턴 (마스그래브 가의 비밀)		
퍼 거 슨 (흡 혈 귀)		
로이로트 (얼룩 줄)		

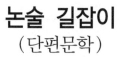

논술 길잡이
(단편문학)

❸ 〈사라진 나폴레옹 흉상〉에서, 홈스가 범인으로 베포를 지목
하게 된 결정적인 단서는 무엇인지 써 보자.

....

....

....

....

❹ 〈벌스턴 성의 괴변〉에서, 사건 해결의 실마리가 된 물건은
무엇이며, 또 그 이유는 무엇인지 써 보자.

....

....

....

....

논술 길잡이
(단편문학)

❺ 다음은 〈흡혈귀〉에 나오는 한 대목이다. 이 글을 통하여 퍼 거슨 부인이 행한 남편과 잭에 대한 세심한 배려를 적어 보 자.

"무척 충격이 크실 줄 알겠지만 큰아드님인 잭이 바로 아기의 목에 화살을 찌른 범인입니다. 그 때 이 광경을 목격한 부인이 재빨리 독 을 빨아내지 않았더라면 아마 아기는 죽고 말았을 겁니다. 앞뒤 사정 을 모르는 당신에게 부인의 모습은 마치 사람의 피를 빨아먹는 흡혈 귀로 보였겠지요."

논술 길잡이
(단편문학)

❻ 이 책에 실린 전체의 작품을 통하여, 코난 도일의 추리 소설 에서 빼놓을 수 없는 요건을 5가지만 적어 보자.

....

....

....

....

❼ 영국의 코난 도일과 쌍벽을 이루는 프랑스의 추리 소설 작 가는 누구이며, 또 그의 작품의 특성은 무엇인지 써 보자.

....

....

....

....

논·술·세·계·대·표·문·학 〈전60권〉

펴 낸 이	정재상
펴 낸 곳	훈민출판사
주　　소	경기도 고양시 덕양구 원당동 416번지
대 표 전 화	(031)962-3888
팩　　스	(031)962-9998
출 판 등 록	제395-2003-000042호

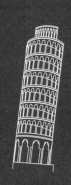